ケースでわかる！
解雇・雇止め
トラブル解決の実務

三浦法律事務所　弁護士

大村剛史　菅原裕人 ［著］

労務行政

はしがき

　従業員の解雇・雇止めに関する問題は、昔から普遍的に存在する企業と従業員との間の最も大きな典型的トラブルの一つとなっています。これは、使用者側が従業員との労働契約を一方的に終了させるため、従業員とのトラブル発生の可能性が高く、かつ、いったん紛争が起これば、長期化する傾向にあります。実際、これまで数多くの解雇・雇止めに関する裁判例が積み重なってきています。

　そして、2020年に発生した新型コロナウイルス感染症の感染拡大によって、社会経済が大きな影響を受けた結果、多くの企業において従業員の雇用の見直しが余儀なくされ、解雇・雇止めを含めた人員削減・調整を行わなければならない状況となり、解雇・雇止め対応に直面するケースも増えているところです。

　しかし、いざ個々の事案において解雇・雇止めの可否を検討しようとしても、解雇・雇止め要件自体が抽象的であるために、その解雇・雇止めの有効性を企業が判断することは非常に難しいものとなっています。

　また、例えば、問題従業員がいた場合に、本来適切な手続き等を踏んでいれば解雇ができるような事案であったとしても、適切な手続きがどのようなものであるかわからないために、解雇として必要な手続きや要件を満たすことができなかった結果、解雇が無効となってしまうケースも少なくありません。一方で、本来取るべき適切な対応を取られないまま解雇となれば、従業員側にとっても不幸といえます。

　こうした従業員の解雇・雇止めの有効性を検討する場合には、当該トラブルが起こってから対応するのでは遅いことが多く、できるだけトラブルが起きる前から、従業員と向き合い、善処していくことが必要となります。そのためには、企業として、解雇・雇止めがどういった場合に有効となり、どういった対応をしておくことが適切であるのかを理解した上で、個々の従業員に対応する必要があります。

そこで、本書においては、ケース形式で、解雇・雇止めを検討する上で必要、かつ重要となる点を示した上で、基本的な事項から個別具体的な事項まで、適宜、法律や行政通達、判例などを踏まえつつ解説しています。

　解雇・雇止めに関する書籍は、従来典型的な論点として多数の書籍が出されているところではありますが、本書は、実務上、解雇・雇止めに関してよく相談を受け、問題となるケースを中心に解説をしていますので、少しでも手に取っていただき、実務上お困りの点について解決するための一助となれば幸いです。

　最後に、本書執筆の機会を下さった、一般財団法人労務行政研究所の皆さまには厚くお礼申し上げます。

　2021年8月

三浦法律事務所
パートナー弁護士　大村　剛史
弁護士　菅原　裕人

目　次

3章
雇止め　　　179

4章
その他 215

法令等の略語および正式名称

略　　語	正　式　名　称
育介法	育児休業、介護休業等育児又は家族介護を行う労働者の福祉に関する法律
均等法	雇用の分野における男女の均等な機会及び待遇の確保等に関する法律
高齢法	高年齢者等の雇用の安定等に関する法律
パートタイム・有期雇用労働法	短時間労働者及び有期雇用労働者の雇用管理の改善等に関する法律
労基法	労働基準法
労基則	労働基準法施行規則
労契法	労働契約法
労災保険法	労働者災害補償保険法
労組法	労働組合法
労働施策総合推進法	労働施策の総合的な推進並びに労働者の雇用の安定及び職業生活の充実等に関する法律

告示・解釈例規

厚労告	厚生労働大臣が発する告示（厚生労働省告示）
基発	厚生労働省労働基準局長名通達
基収	厚生労働省労働基準局長が疑義に答えて発する通達
雇児発	厚生労働省雇用均等・児童家庭局長名通達
総参	人事院事務総長発の参考

判例雑誌の略語および正式名称

略　　語	正　式　名　称
判時	判例時報
判タ	判例タイムズ
民集	最高裁判所民事判例集
労経速	労働経済判例速報
労判	労働判例
労民	労働関係民事裁判例集

［注］　本文中判例雑誌名が表記されていないものは、未登載であることを示す。

1章

解雇・雇止めとは

❶ 解雇の定義と種類

ケース1 解雇についての基本的な定義や種類を教えてください。

トラブルポイント

★ 一方的な労働契約の解約である解雇としての注意点
★ 解雇の種類とその相違点

1．解雇の定義

「解雇」は、使用者側からの一方的な労働契約の解約を意味します。この点、労働契約には期間の定めのない労働契約と期間の定めのある労働契約が存在しますが、どちらの場合についても、使用者側が契約期間の途中で一方的な労働契約の解約を行えば、「解雇」となります。それに対して、労働者側からの一方的な労働契約の解約については「辞職」、使用者側と労働者側の合意によって労働契約が解約される場合には「合意退職」といわれています[図表1−1]。

なお、「解雇」については、一方的な労働契約解約の意思表示となりますので、解雇をする場合には、単に使用者側で解雇の意思決定をしただけでは足りず（効力は発生せず）、その解雇の意思表示を労働者側に到達させることが必要（民法97条1項）となりますので、その点は注意すべ

図表1−1　労働契約の解約の種類

解　雇	使用者側からの一方的な労働契約の解約
辞　職	労働者側からの一方的な労働契約の解約
合意退職	使用者側と労働者側の合意による労働契約の解約

きです。

　この「解雇」について、民法上は、期間の定めのない雇用の場合には、使用者側からいつでも解約の申し込みをすることができるとされています。

民法627条１項

　当事者が雇用の期間を定めなかったときは、各当事者は、いつでも解約の申入れをすることができる。この場合において、雇用は、解約の申入れの日から２週間を経過することによって終了する。

　もっとも、使用者側からの労働契約の解約（解雇）に関しては、労基法等で一定の解雇禁止事由や制限が設けられており、民法627条１項の当該条文は、使用者の解雇権の根拠規定としての意味合いにとどまっているのが現状です。

　一方で、期間の定めのある雇用の場合には、「当事者が雇用の期間を定めた場合であっても、やむを得ない事由があるときは、各当事者は、直ちに契約の解除をすることができる」（民法628条）とし、「やむを得ない事由」を民法上必要としており、同様の趣旨の制約を労契法17条でも課しています。この点については、後掲**ケース48**において詳述します。

２．解雇の種類

　解雇には大きく分けて、普通解雇と懲戒処分としての解雇（懲戒解雇、諭旨解雇）の二つの種類があります。それぞれの解雇について、以下で説明します[**図表１－２**]。

図表１－２　使用者による解雇

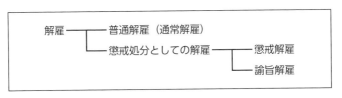

［1］普通解雇

　普通解雇とは、一般的に、使用者の解雇権（民法627条、628条）に基づいて行われる解雇を指し、懲戒処分としての解雇（懲戒解雇、諭旨解雇）との区別の意味でよく使用されます。「通常解雇」とも呼ばれることもありますが、同義です。普通解雇には、大きく分けて、労働者側に起因する事由による解雇と使用者側に起因する事由による解雇があります［図表1－3］。

［2］懲戒処分としての解雇

　懲戒処分としての解雇は、企業秩序違反に対する制裁としての処分の一つであり、就業規則の懲戒処分の規定に沿って対応をすることになります。普通解雇の事由例のうち、❹の規律違反の場合のケースと解雇事由が重複することもありますが、そのケースにおいて、懲戒処分としての解雇を行う場合には、懲戒処分の規定に従って対応することになります。なお、懲戒解雇を普通解雇に転換することができるかどうかといった点については、後述（**ケース37**）します。

　懲戒処分としての解雇には、懲戒処分の中で最も重い懲戒解雇があり、その一つ下の懲戒処分として諭旨解雇を規定する企業も少なからず存在します。諭旨解雇は、懲戒解雇同様、解雇の一つであり、解雇という点ではどちらも同じですが、懲戒解雇が退職金を全額または一部不支給と

図表1－3　普通解雇の事由例

事　由　例	起因する側
❶私傷病等により業務ができない場合	労働者側
❷勤務成績不良、能力不足の場合	〃
❸勤怠不良の場合	〃
❹規律違反の場合	〃
❺整理解雇	使用者側

規定しているケースが多いのに対し、諭旨解雇の場合には退職金を一部
または全額支給する建て付けとなっていることが、実態として多く見ら
れます。なお、「諭旨解雇」に類似の懲戒処分として、「諭旨退職」とい
う懲戒処分があります。「諭旨退職」は、一定期間を定めて任意退職を勧
告し、退職届が一定期間中に出なければ懲戒解雇とするものです。もっ
とも、「諭旨解雇」「諭旨退職」の定義は企業ごとに曖昧で、実際には
「諭旨解雇」を「諭旨退職」の定義で定めていたり、その逆のケースも多
く見られたりすることから、名称自体よりも、その定義の内容に着目す
ることが必要です。

☞ここが重要！

□解雇は一方的な労働契約解約の意思表示であるため、解雇をする
　場合には、その意思表示を労働者側に伝えることが必要である
　（民法97条1項）
□解雇の種類には、「普通解雇」と「懲戒処分としての解雇」があ
　り、それぞれ解雇事由が異なってくるため、解雇の際には、それ
　ぞれの事由に合った当てはめが必要となる

❷ 雇止めの定義と契約更新に関する明記事項

ケース2 雇止めについての基本的な定義を教えてください。また、あらかじめ雇止めの理由に関して規定しておく必要があるのでしょうか。

トラブルポイント ■■■■■■■■■■■■■■■■■■■■■■■■
　あらかじめ雇止め理由を規定しておく必要性

1．雇止めの定義

　「雇止め」は、期間の定めのある労働契約において、労働契約の期間が終了したことにより、労働者側からの契約更新の希望にかかわらず、使用者側から契約更新を行わず、そのまま労働契約を終了することを意味しています。

　一般に、民法上の原則によれば、労働契約の期間が終了すれば、労働契約の効力も当然に終了するため、新たな労働契約を締結するかどうか（労働契約の更新をするかどうか）は、両当事者の自由に委ねられることが原則です。その意味では、雇止め理由にかかわらず期間満了すれば労働契約が終了する以上、雇止め理由は一見不要なようにも思われます。しかし、雇止めについても一定の制限があり（労契法19条）、その中で雇止め理由が重要となってきますので、その点は留意が必要です。詳細については、**ケース50**で述べます。

2．雇止めの理由

　期間の定めのある労働契約が期間満了で終了した際に、契約更新の有無や更新する場合の基準については、労基法や労基則に基づき、一定の

基準を労働者に明示しておくことが求められています。

　すなわち、労基法15条１項では、「使用者は、労働契約の締結に際し、労働者に対して賃金、労働時間その他の労働条件を明示しなければならない。この場合において、賃金及び労働時間に関する事項その他の厚生労働省令で定める事項については、厚生労働省令で定める方法により明示しなければならない」と定められ、これに基づいて、労基則５条１項１号の２において「期間の定めのある労働契約を更新する場合の基準に関する事項」を明示するとともに、当該明示は原則として書面の形で行うことが義務づけられています（同則５条３項。ただし、当該労働者が希望した場合には、FAXや電子メール等の方法でも可〔同条４項〕）。具体的には、契約締結時の明示事項として、契約更新の有無および労働者に対して当該契約を更新する場合の判断基準を明示することが求められ、具体的な記載内容は、以下のようなものが挙げられています（平24.10.26　基発1026第２、平25. 3.28　基発0328第６）。

更新の有無（参考例）
- 自動的に更新する
- 更新する場合があり得る
- 契約の更新はしない　　　等

契約更新の判断基準（参考例）
- 契約期間満了時の業務量により判断する
- 労働者の勤務成績、態度により判断する
- 労働者の能力により判断する
- 会社の経営状況により判断する
- 従事している業務の進捗(しんちょく)状況により判断する　　　等

　そのため、有期労働契約を締結する場合には、労働契約書または労働条件通知書において、こうした契約更新の有無および契約更新の判断基準を明記することが必要となります。

図表1-4　雇止めの理由の明示の例

- 前回の契約更新時に、本契約を更新しないことが合意されていたため
- 契約締結当初から、更新回数の上限を設けており、本契約はその上限に係るものであるため
- 担当していた業務が終了・中止したため
- 事業縮小のため
- 業務を遂行する能力が十分ではないと認められるため
- 職務命令に対する違反行為を行ったこと、無断欠勤をしたこと等勤務不良のため

　また、行政通達上、雇止めの予告後に労働者が雇止めの理由について証明書を請求した場合は、遅滞なく雇止め理由証明書を交付することが求められています（「有期労働契約の締結、更新及び雇止めに関する基準」平15.10.22　厚労告357、最終改正：平24.10.26　厚労告551）。その場合の明示すべき「雇止めの理由」は、契約期間の満了とは別の理由とすることが必要とされ、[**図表1-4**]のようなものが挙げられます。

👉ここが重要！

☐契約更新の有無やその事由については、労働条件通知書等で契約時に明示しておく必要がある

☐雇止めをした際に、労働者から雇止めの理由について証明書を求められたときは、期間満了以外の理由を挙げる必要がある

2章

解　雇
（普通解雇、整理解雇、
懲戒解雇）

1 解雇手続きの留意点

1 就業規則上の解雇事由

ケース3 就業規則上、解雇事由を規定する際にどういったことに注意する必要があるのでしょうか。

トラブルポイント

問題のある社員に対する適切な解雇を検討する上での就業規則の解雇事由の規定の必要性

1．就業規則上の解雇事由の明記

労基法上、「退職に関する事項（解雇の事由を含む。）」を就業規則に記載しておくことが求められています（同法89条3号）。そのため、解雇をするためには、その事由を就業規則上に明記しておくことが必要になります。この点に関し、就業規則に明記されていない解雇事由で解雇をすることができるかという論点があり、「限定列挙」（就業規則に明記されているものに限定される）の考え方と、「例示列挙」（就業規則に明記されているものに限定されない）の考え方とで見解が分かれており、裁判例上も判断が分かれています。そのため、就業規則では、「限定列挙」の考え方であっても、できるだけ広く解雇事由をカバーできるようにしておくべく、「その他前各号に準ずるやむを得ない事由があったとき。」などといった包括条項を入れることが肝要となります。

図表2－1　就業規則例（普通解雇の事由例）

第○条（普通解雇）

　従業員が次のいずれかに該当するときは、解雇することがある。

①精神又は身体の障害により業務遂行に堪えられないと認められたとき。

②勤務成績又は業務遂行能力が著しく不良で、改善の見込みがなく、就業に適さないとき。

③勤務状況が著しく不良で、改善の見込みがなく、従業員としての職責を果たし得ないとき。

④業務上の負傷又は疾病による療養の開始後3年を経過しても当該負傷又は疾病が治らない場合であって、従業員が傷病補償年金を受けているとき又は受けることとなったとき（会社が打切補償を支払ったときを含む。）。

⑤試用期間中の者で、従業員として不適格であると認められたとき。

⑥諭旨解雇又は懲戒解雇事由に該当する事実が認められたとき。

⑦事業の縮小、廃止その他事業の運営上やむを得ない事由が生じたとき。

⑧その他前各号に準ずるやむを得ない事由があったとき。

[注]　厚生労働省労働基準局監督課「モデル就業規則（令和3年4月版）」をベースとしつつ、適宜修正したものである。

2．就業規則例（普通解雇の場合）

　以上を前提に、普通解雇の場合の就業規則例を挙げると、**[図表2－1]**のような解雇事由が想定されます。なお、懲戒処分としての解雇の場合の就業規則例は、後掲**ケース28**で説明します。

　[図表2－1]のような解雇事由を明記した上で、個別ケースにおいてそれぞれの解雇事由に応じた対応を検討することになります。

☞ここが重要！

　□解雇については、就業規則上、解雇事由を明確に定義しておくことが重要となり、できるだけ広く解雇事由をカバーするため、包括条項を入れておくことが有用である

❷ 解雇権濫用法理

ケース4　従業員が、就業規則に記載されている解雇事由に該当する行為を行っており、すぐにでも解雇をしたいのですが、直ちに解雇をしてよいものでしょうか。問題行為の程度が軽度な場合には解雇できないのでしょうか。

トラブルポイント ∎∎∎∎∎∎∎∎∎∎∎∎∎∎∎∎∎∎∎∎∎∎
✳ 解雇事由の該当性と解雇の可否
✳ 解雇をするための要件

1．解雇の要件

　期間の定めのない労働契約の場合、労契法上、使用者側からの解雇に関し、16条において一定の制限を設けています。

> **労契法16条**
> 　解雇は、客観的に合理的な理由を欠き、社会通念上相当であると認められない場合は、その権利を濫用したものとして、無効とする。

　すなわち、解雇に必要な要件は、法律上、「客観的に合理的な理由」と「社会通念上相当であること」の2要件となり、この要件を満たさない場合には、解雇は無効になります。この要件は、もともと当該法律が制定される前から、判例法理上確立してきたものであり（日本食塩製造事件〔最高裁二小　昭50. 4.25判決　労判227号32ページ〕、高知放送事件〔最高裁二小　昭52. 1.31判決　労判268号17ページ〕等）、それが法文化されたものです。

2．客観的合理的理由

「客観的に合理的な理由」の要件は、まさに**ケース3**で述べたような解雇の事由の有無で判断することになりますが、この「客観的に合理的な理由」として挙げられるケースとしては、大きく以下の四つに分けることができます（菅野和夫『労働法　第12版』［弘文堂］786ページ以下参照）。

①労働者の労務提供の不能や労働能力または適格性の欠如・喪失
②労働者の職場規律（企業秩序）違反
③経営上の必要性に基づく理由
④ユニオン・ショップ協定に基づく組合の解雇要求

　まず、「①労働者の労務提供の不能や労働能力または適格性の欠如・喪失」については、**［図表1－3］**の「❶私傷病等により業務ができない場合」「❷勤務成績不良、能力不足の場合」「❸勤怠不良の場合」といった労働者側の事情による理由が挙げられます。

　次に、「②労働者の職場規律（企業秩序）違反」については、同表の「❹規律違反の場合」となり、また、懲戒処分としての解雇（懲戒解雇、諭旨解雇）の事由にも該当するところとなります。

　最後に、「③経営上の必要性に基づく事由」については、例えば、経営不振による人員整理や、会社解散、事業所閉鎖に伴う人員整理等、同表で挙げた、いわゆる「❺整理解雇」のケースが典型的な場合です。

　なお、④については、労働組合という特殊性があるため、本書では説明を割愛します。

　このように、「客観的に合理的な理由」に該当するためには、上記四つの解雇事由のケースに該当することが必要となり、これを具体化した就業規則等の解雇事由に当てはめる必要があります。一方で、この解雇事由のケースに該当しない場合には、解雇権濫用となり、当該解雇が無効となります。

3．社会通念上相当

　次に、一つ目の要件である「客観的に合理的な理由」に該当したとしても、二つ目の要件である「社会通念上相当であること」に該当しなければ、やはり解雇権濫用となり、当該解雇が無効と判断されるでしょう。この「社会通念上相当」という要件は抽象的な要件であり、実際には個別具体的に判断せざるを得ないところですが、一般論的に述べると、以下のような点を踏まえて、「社会通念上相当」であるかどうかを検討することになります（菅野・前掲書787ページ）。

(a)　解雇の事由が重大な程度に達しているかどうか

(b)　他に解雇回避の手段を尽くしていたかどうか

(c)　労働者の側に宥恕（ゆうじょ）（編注：寛大な心で許すこと）すべき事情があるかどうか

　これらのポイントを踏まえた各ケースにおける具体的な当てはめについては、各項目で触れることとします。

　したがって、就業規則上に記載されている解雇事由に該当すれば直ちに解雇ができるわけではなく、その程度が軽度であれば、「社会通念上相当」と判断される可能性が低くなりますので、その場合、直ちに解雇をすることは難しいということになります。

☞ ここが重要！

　□解雇をする場合には、単に就業規則上の解雇事由に該当するだけでは足りず、その解雇事由が重大な程度に達しているか、解雇以外の手段がないか、労働者に宥恕すべき事情がないか等、「社会通念上相当」であるかどうかの判断も個別に検討する必要がある

❸ 解雇予告と即時解雇

ケース5　　会社にとって重大な背信行為をした社員を解雇する際、解雇予告をせずに、即時解雇しても問題ないでしょうか。その際、解雇予告手当を支払いたくありませんが、どうすればよいのでしょうか。

トラブルポイント ∙∙∙∙∙∙∙∙∙∙∙∙∙∙∙∙∙∙∙∙∙∙∙∙∙∙∙∙∙∙∙∙∙∙∙

✳ 即時解雇をする場合の考慮事項
✳ 解雇予告手当の除外認定の要件とタイミング

1．労働者に対する解雇予告の要否

　使用者が労働者の解雇を行う場合、労基法上、少なくとも30日前に解雇予告を行うことが必要とされており、これを行わず、即時解雇を行う場合には、30日分以上の平均賃金を支払うことが求められています（同法20条1項本文）。

労基法20条1項本文

　使用者は、労働者を解雇しようとする場合においては、少くとも30日前にその予告をしなければならない。30日前に予告をしない使用者は、30日分以上の平均賃金を支払わなければならない。

　また、即時解雇でもなく、30日以上前の解雇予告を行うでもなく、その中間の形を取ることも可能です。すなわち、労基法20条2項では「前項の予告の日数は、1日について平均賃金を支払つた場合においては、その日数を短縮することができる」と定められており、平均賃金を支払った日数分を30日から差し引くことが認められています。例えば、労働者

図表2－2　解雇のタイミングと解雇予告手当

①即時解雇を行う場合
➡ 30日分以上の平均賃金を支払う
②解雇予告を行う場合
・30日以上前の予告の場合
➡ 解雇予告手当の支払いは不要
・10日前の予告の場合
➡ 20日分以上の平均賃金を支払う

を解雇するタイミングとして、10日後に解雇する旨の予告を行うといったことも可能であり、その場合には、残りの20日分以上の平均賃金を支払うことが労基法上求められていることになります[図表2－2]。

2．解雇予告手当の支払い時期

　即時解雇を行い、解雇予告手当を支払う場合、その支払い時期にも注意が必要です。原則としては、解雇予告手当は、解雇予告をしない代わりに支払うものですので、解雇の通告と同時に支払うべきものとされています（昭23．3.17　基発464）。

　なお、解雇予告手当の支払い方法については、賃金に準じた形で支払うことを行政として指導しています（昭23．8.18　基収2520）。実際上、即時解雇を行う場合には、その解雇通告時に直接本人に支払ったり、あるいは本人の給与口座に振り込んだりする等の方法で対応することが多いと思われます。

3．除外認定の措置

　使用者が労働者を即時解雇する場合には、前記1．のとおり、原則として30日分以上の解雇予告手当を支払うことが必要となりますが、その例外として、「天災事変その他やむを得ない事由のために事業の継続が不可能となつた場合又は労働者の責に帰すべき事由に基いて解雇する場合に

おいて」は、30日分以上の解雇予告手当を支払うことなく、即時解雇が可能となります（労基法20条1項ただし書き）。ただし、この場合には、行政官庁の除外認定が必要となります（労基法20条3項および19条2項）。実際には、所轄労働基準監督署に申請し、認定を受けることとなります（労基則7条）。

　この除外認定は行政官庁による厳格な判断に基づくため、解雇事由さえあれば、直ちに除外認定が得られるものではありません。

　この点、除外認定を受けることのできる要件としては、「労働者の地位、職責、継続勤務年限、勤務状況等を考慮の上、総合的に判断すべきであり、『労働者の責に帰すべき事由』が法（編注：労基法）第20条の保護を与える必要のない程度に重大又は悪質なものであり、従つて又使用者をしてかかる労働者に30日前に解雇の予告をなさしめることが当該事由と比較して均衡を失するようなものに限つて認定すべき」とされています（昭23.11.11　基発1637、昭31.3.1　基発111）。

　そのため、単なる解雇事由に該当するというだけではなく、労働者による悪質な非違行為、背信的行為によって解雇になるような限定的な場合に限り認められることが多く、実務上も即時解雇を行う場合には、原則に従い、30日分以上の解雇予告手当を支払うことが多いでしょう。

　なお、この使用者に対する悪質な非違行為や背信的行為によって解雇になるケースについては、上記行政通達に例が挙げられていますが、概要は[**図表2−3**]のとおりです。

図表2−3　　典型的な「労働者の責に帰すべき」事例の概要

①事業場内における盗取、横領、傷害等刑法犯に該当する行為
②賭博、風紀紊乱等により職場規律を乱し、他の労働者に悪影響を及ぼす場合
③重大な経歴詐称
④他の事業場へ転職した場合
⑤2週間以上の正当な理由のない無断欠勤（出勤の督促に応じない場合）
⑥勤怠不良（注意指導後、改善しない場合）

4．解雇予告義務違反の場合の解雇の効力

　即時解雇をしつつ、解雇予告手当を支払わなかった場合、解雇の効力が問題となります。この点に関しては、細谷服装事件（最高裁二小　昭35．3.11判決　判時218号6ページ）において、「使用者が労働基準法20条所定の予告期間をおかず、または予告手当の支払をしないで労働者に解雇の通知をした場合、その通知は即時解雇としては効力を生じないが、使用者が即時解雇を固執する趣旨でない限り、通知後同条所定の30日の期間を経過するか、または通知の後に同条所定の予告手当の支払をしたときは、そのいずれかのときから解雇の効力を生ずるものと解すべき」として、解雇の効力そのものは否定していないところです（同様の裁判例として、トライコー事件〔東京地裁　平26．1.30判決　労判1097号75ページ〕等）。

　もっとも、そのような観点から、いずれにしても解雇の効力を生じるのは、解雇予告手当の支給時か30日の期間が経過した後になるため、もし、即時解雇を行い、かつ解雇予告手当を支給しないのであれば、解雇を通知する前に原則として除外認定を受けることが必要となります。実務上も、即時解雇をした後に、所轄労働基準監督署に除外認定のための申請を行ったとしても、通常は申請を受け付けてもらえないため、注意が必要です。

5．解雇予告の適用例外

　前記**1.**で述べた解雇予告の適用は、無期雇用、有期雇用にかかわらず労働者一般に適用されるところですが、一部、労基法上で適用されない対象が定められています（同法21条）。

　1　日々雇い入れられる者（ただし、1カ月を超えていない場合のみ）

　2　2カ月以内の期間を定めて使用される者（ただし、所定の期間を超えて引き続き使用されるに至った場合は除く）

> 3　季節的業務に4カ月以内の期間を定めて使用される者（ただし、
>   所定の期間を超えて引き続き使用されるに至った場合は除く）
> 4　試の使用期間中の者（ただし、試の使用期間が14日を超えた者は
>   除く）

　したがって、これらの対象者に該当する場合には、解雇予告手当を支
給せず、即時解雇を行うことが可能となります。

6．実務上の対応

　本ケースでは、解雇予告手当を支払わずに即時解雇をしたいとのこと
ですが、その場合には、前記要件に照らして、即時解雇前に除外認定の
申請を行い、その認定を受けることが必要です。実務上、即時解雇のケー
スでは、1日も早く解雇をしたいというケースが少なからずありますが、
除外認定を受けるまでには相応の時間を要することになりますので、
1日も早い解雇を重視される場合には、解雇予告手当の支払いも含めて
検討することが必要となります。

☞ここが重要！

　□即時解雇を行う場合には、解雇予告手当を支払うことが原則であ
　　る
　□除外認定を受ける際には、解雇を行う前に事前に申請を行い、認
　　定を受けることが必要である

❹ 解雇制限のある労働者

ケース6 上司からのパワーハラスメントによりうつ病に罹患し、労災認定され、休業している社員がいますが、職場復帰の見通しが全く立たないので、解雇したいと考えています。解雇は認められるのでしょうか。

トラブルポイント ∙∙∙

◆ 解雇制限のある労働者の該当性

◆ 労災認定により休業中の労働者の解雇の可否

1. 労基法による解雇制限対象者

　これまで説明してきたとおり、労働者の解雇を検討する場合には、解雇権濫用法理という一定の制約を踏まえつつ、その要件を満たせば、解雇をすることができる法制度となっています。

　もっとも、使用者は、解雇権濫用法理の要件を満たせば、いかなる労働者でも解雇することができるかというと、そうではありません。労働者の中でも、解雇をすることによって、その後の就業活動に困難を来すような場合には、労働者が生活の脅威を被ることのないよう保護する必要性があるとされ、労基法において、一部の労働者を対象として、一定の期間について解雇を制限する定めがあります（同法19条1項本文）。

> **労基法19条1項本文**
>
> 　使用者は、労働者が業務上負傷し、又は疾病にかかり療養のために休業する期間及びその後30日間並びに産前産後の女性が第65条の規定によつて休業する期間及びその後30日間は、解雇してはならない。

　つまり、労基法上、「業務上」の負傷や疾病で休業中の労働者、産前産後の女性労働者については、当該期間中とその後30日間は解雇できない旨が定められています。

　本ケースにおける労働者は、上司のパワーハラスメントが原因で、労災認定され、休業中とのことです。労災認定によって、業務と疾病との間の業務起因性は認められていますので、本条項における「業務上」の疾病による休業に該当し、解雇制限のある労働者に当たると考えられます。したがって、仮に本ケースのように職場復帰の見通しが全く立たない場合であっても、休業中である以上、原則として、使用者は当該労働者を解雇することはできません。

　一方で、本条文はあくまで「業務上」の負傷または疾病に罹患し、「療養」のため「休業」する労働者が対象となりますので、以下のような労働者は、本条文の解雇制限の対象とはなりません。

①業務外の私傷病で休んでいる労働者
②業務上の私傷病によって治療中ではあるものの、休業していない労働者（昭24. 4.12　基収1134）
③症状固定後の労働者
④「療養」の必要がないのに休業している労働者

　もっとも、実務上、労働者の負傷や疾病が、「業務上」によるものなのか、「私傷病」（すなわち「業務外」）によるものなのかの判断が難しいケースも多く、それによってトラブルが生じることも多いため、こうした労働者の解雇を検討する際には、「業務起因性」について慎重に調査の上、対応する必要があります。

2．打切補償と解雇

　本ケースのような「業務上」の疾病や負傷で療養のため休業している場合には解雇できないのが原則ですが、こうした「業務上」の疾病や負

傷により休業中の労働者に対しては、いかなる場合でも解雇することができないのでしょうか。

　この点については、労基法上、例外事項が設けられており、一定の場合には、解雇が認められています（同法19条1項ただし書き）。

労基法19条1項ただし書き

　ただし、使用者が、第81条の規定によつて打切補償を支払う場合又は天災事変その他やむを得ない事由のために事業の継続が不可能となつた場合においては、この限りでない。

　つまり、「業務上」の疾病や負傷によって休業中の労働者であっても、療養開始後3年を経過しても治癒しない場合には、使用者が平均賃金の1200日分相当の打切補償を支払うことで、解雇が可能となります。また、療養開始後3年を経過し、労災保険法上の傷病年金を受給する場合にも、打切補償を支払ったとみなされ、解雇が可能となります（労災保険法19条）。

　さらに、地震や自然災害といった「天災事変その他やむを得ない事由」が生じ、事業の継続が不可能となった場合も解雇が認められます。ただし、この場合には、行政官庁の認定を受けることが必要ですので、解雇を検討する場合には、その前提として当該対応をする必要があります（労基法19条2項）。

　したがって、本ケースにおいても、当該労働者の休業期間が3年を経過し、打切補償を支払ったり、「天災事変その他やむを得ない事由のために事業の継続が不可能」となったりした場合は、例外的に解雇をすることが可能となります。

☞ここが重要！

□解雇制限のある労働者への対応

✓ 業務上負傷し、または疾病にかかり療養のために休業する期間
およびその後30日間は解雇することができない

✓ 「業務上」と「業務外」の判断が難しいケースもあるため、その
場合の解雇については、慎重な対応が必要である

参考　**平均賃金の計算方法（原則）**

算定事由発生日以前3カ月間に
支払われた賃金総額
――――――――――――――――――
算定事由発生日以前3カ月間の総日数
（暦日数）
※その期間中の就労日数ではない

算定基礎から除外される賃金
❶臨時に支払われた賃金 　（例）結婚手当、私傷病手当、退職金等 ❷3カ月を超える期間ごとに支払われる賃金 　（例）年2回の賞与（年4回の場合は、賃金総額に含める）等 ❸法令または労働協約に基づくもの以外の現物給与 ❹除外期間中に支払われた賃金

除外期間
①業務上の負傷・疾病による療養のための休業期間 ②産前産後の休業期間 ③使用者の責に帰すべき事由による休業期間 ④育児・介護休業期間 ⑤試用期間　等

※除外期間の日数およびその期間中の賃金は、賃金総額および総日数からそれぞれ差し引く。

［注］　1.　賃金締切日がある場合は、直前の賃金締切日からさかのぼって3カ月間の賃金総額および総日数を使用する。
　　　　2.　「賃金総額」とは、通勤手当、皆勤手当、時間外手当等の諸手当を含み、税金や社会保険料等を控除する前の金額をいう。
　　　　3.　端数処理は、1銭未満、少数第3位で切り捨てとなる。

2 普通解雇 (労働者側の事由による解雇)

1 能力不足による解雇

❶通常の能力不足による解雇

ケース7 採用した従業員の中に、能力が他の従業員と比較して明らかに低い者がいますが、能力不足を理由に解雇をしてもよいのでしょうか。

トラブルポイント
* 能力不足を理由として解雇を行う場合の程度
* 解雇を検討する前に行うべき事項

1．能力不足による解雇の有効性の判断基準（裁判例）

　本ケースは、能力不足を理由とした解雇の可否が問題となっています。既に説明したとおり、労働者を解雇するためには、解雇権濫用法理により、「客観的に合理的な理由」と「社会通念上相当であること」が必要であり、能力不足の場合にもこれに当てはめた形で検討することが必要となります。

　能力不足の場合、**ケース3**で説明したとおり、通常、就業規則において、「勤務成績又は業務遂行能力が著しく不良で、改善の見込みがなく、就業に適さないとき。」といった解雇事由を設けており（[**図表2－1**]参照）、労働契約の目的を達成できないレベルでの能力不足ということであれば、こうした事由によって解雇することになります。

　そこで、具体的な解雇の有効性の判断基準を検討すると、裁判例上は、能力不足や勤務成績不良を理由とする解雇について「当該労働契約上、当該労働者に求められている職務能力の内容を検討した上で、当該職務能力の低下が、当該労働契約の継続を期待することができない程に重大なものであるか否か、使用者側が当該労働者に改善矯正を促し、努力反省の機会を与えたのに改善がされなかったか否か、今後の指導による改善可能性の見込みの有無等の事情を総合考慮して決すべきである」（ブルームバーグ・エル・ピー事件　東京地裁　平24.10. 5判決　労判1067号76ページ、東京高裁　平25. 4.24判決　労判1074号75ページ）とするものや、「当該労働者の勤務成績が単に不良であるというレベルを超えて、その程度が著しく劣悪であり、使用者側が改善を促したにもかかわらず改善の余地がないといえるかどうかや、当該勤務成績の不良が使用者の業務遂行全体にとって相当な支障となっているといえるかという点などを総合考慮して、その有効性を判断すべき」（クラブメッド事件　東京地裁　平24. 3.27判決　労判1055号85ページ）とするものがあります。

2．判断のポイント

　能力不足や勤務成績不良を理由に解雇を行う場合には、以下の2点がポイントになります。

> ①能力が著しく劣っており、解雇の事由が重大な程度に達していること
> ②使用者側が改善を促したにもかかわらず改善の余地がないこと

　そして、①についての能力が著しく劣っている点に関しては、単に「平均的な水準に達していないというだけでは不十分であり」、従業員の中で下位10％未満の考課順位であっても、相対的評価であって絶対的評価ではないことを理由に解雇を無効とした事例（セガ・エンタープライゼス事件　東京地裁　平11.10.15決定　労判770号34ページ）がありますので、

単純に全体の中での相対的評価が低いというだけでは解雇事由にならず、あくまで当該社員の能力値が絶対的に著しく低いかどうかで判断するという点にも注意が必要です。

　また、職種等が限定されていない場合には、たまたまその当該部署で能力が発揮できなかった可能性もあるため配転の検討を必要とする場合や、例えば役職等が能力に合わず業績が悪い場合には降格を検討することも、解雇という最終手段を取る前の解雇回避措置の意味合いから、通常必要になることが多いところです。実際にも、繰り返し配転を経た上で解雇を行った三井リース事業事件（東京地裁　平 6.11.10決定　労経速1550号24ページ）において、この点も解雇の有効性の判断の要素の一つとしています。

　本ケースにおいては、能力が他の従業員と比較して明らかに低い者に対する解雇の可否ですが、それが相対的なものではなく、絶対的な評価として能力不足であるかどうか、業務改善のための注意指導を繰り返し、それでも改善していないケースかどうか、これ以上の配転や降格等の検討の余地がないケースかどうか等を考慮した上で、解雇の可否を決めることになります。

☞ここが重要！

□能力不足の従業員を解雇する際には、単に相対的に業績が悪いというだけでは足りない。絶対的な意味で著しい能力不足であることが必要である

□解雇をする前提として、注意指導、配転、降格等の検討、対応を行うことが必要であり、こうした対応を取らずに解雇を行うと、無効になる可能性が高まる

❷地位や職種が特定された雇用における能力不足による解雇

ケース8 特定の部門の部長職として採用した中途採用者なのですが、期待していたほどの能力がなく、このまま当該部長職を維持させることができません。部長職以外で雇用し続けるつもりはないのですが、解雇できるでしょうか。また、専門業務等特定の業務に従事させるために採用した場合で、能力不足を理由に解雇するのはどうでしょうか。

トラブルポイント ■■■■■■■■■■■■■■■■■■■■■■■■■
✳地位や職種を特定して採用した中途採用者の能力不足の場合の解雇基準

1．地位が特定された中途採用者の解雇の可否

　能力不足を理由とした解雇の考え方は**ケース7**のとおりですが、本ケースのように、もともと高度な能力や技術を期待されて、特定の職位を前提として、即戦力で中途採用された場合にも、能力不足を理由とした一般的な解雇と同様の基準で考えなければならないのでしょうか。

　この点に関しては、即戦力として特定の地位に就くことを前提とした中途採用のケースで、採用時に当該地位に期待された能力等がなかった場合には、通常の解雇よりも、比較的緩やかに判断され、当該地位における不適格性の判断によって解雇が認められる傾向にあります。

　例えば、マーケティング部部長として採用したが、採用後その勤務状況が当該部長の責務におよそ応えられるレベルにないとして、解雇した裁判例では、従業員全体としての絶対的な能力不足ではなく、「マーケティング部部長」として求められている能力を前提として解雇を有効としています（持田製薬事件　東京高裁　昭63. 2.22決定　労判517号63

ページ）。また、人事本部長として採用したが、当該地位において引き続き勤務させることが不適当であるとして解雇した裁判例でも、人事本部長としての適格性を判断して、解雇を有効としています（フォード自動車［日本］事件　東京高裁　昭59.3.30判決　労判437号41ページ）。つまり、即戦力として特定の地位に就くことを前提とした中途採用のケースでは、当該地位の業務上の役割・責務を前提として、①当該地位に期待される能力がなく解雇の事由が重大な程度に達しているかどうか、②使用者側が改善を促したにもかかわらず改善の余地がないかどうか、といった点を検討して、解雇の有効性を判断することになります。

　そのため、使用者としては、中途採用者に就かせた当該地位の役割、責務をできるだけ明確にしておくという点が重要なポイントです。この地位に求めるべき役割や責務の内容が曖昧になってしまうと、解雇に必要な当該地位に求められている能力に達しているかどうかという判断を行うことが難しくなってしまうためです。

　また、こうした中途採用のケースの場合には、配転や降格等の検討をしていなくても緩やかに解される傾向にあります。例えば、上記フォード自動車(日本)事件では、「本件雇用契約は、控訴人（筆者注：労働者）の学歴・職歴に着目して締結された、人事本部長という地位を特定した契約であって、（中略）人事本部長以外の地位・職務では採用する意思がなかった」として、人事本部長として不適格と判断した場合に、配転・降格等をして、他の職位や職種への適格性を判定する義務はないとしています。

　もっとも、この点においても注意が必要であり、各企業においては、通常、配転や降格といった規定が就業規則上存在し、実際上の一般従業員に対しては配転や降格を行っているところが多いと思われます。その場合、地位を特定して中途採用したことを理由に、配転や降格を行わず解雇が有効であるためには、採用時からこうした地位を特定して当該労働者を中途採用したといえるだけの事情を積み重ね、紛争になった場合に、この点を立証できるようにしておく必要があります。

2．職種が特定された中途採用者の解雇の可否

　では次に、職種が特定された場合はどうでしょうか。結論としては、地位が特定された中途採用者の場合と同様の考え方により、採用時に当該職種を遂行するための能力等がなかった場合には、通常の解雇よりも、比較的緩やかに判断され、当該職種における不適格性の判断によって解雇が認められる傾向にあります。

　例えば、記帳・経理業務を専門に担当するコンサルタントとして勤務していた従業員に対する職務遂行能力不足を理由とする解雇の効力が争われた事案では、当該従業員が作業期限を遵守しない、会計処理を誤る、顧客からの問い合わせに対し適切に回答しないなどの職務懈怠(けたい)があった結果、業務委託先から業務委託の打ち切りまでなされており、その都度、注意指導をされていたにもかかわらず改善しなかったため、就業規則の解雇事由「特定の地位、職種または一定の能力を条件として雇い入れられた者で、その能力、適格性が欠けると認められるとき」に該当するとして解雇が有効とされています（トライコー事件　東京地裁　平26.1.30判決　労判1097号75ページ）。

　また、「システムエンジニアとしての技術・能力を備えた技術者として被告に雇用されたのに、システムエンジニアとしての技術・能力はもとより、アプリケーションエンジニアとしての技術・能力も不足し、かつ、原告（筆者注：労働者）の技術的水準を向上させるべく、被告（筆者注：会社）において、現場指導、教育訓練等を続けたが、原告の意欲が乏しかったため、その成果が上がらなかった」として、解雇を有効とした裁判例（日本エマソン事件　東京地裁　平11.12.15判決　労判789号81ページ）もあります。

　このように、職種が特定されているようなケースでは、使用者としては、当該職種において、能力が不足しているかどうか等を検討することになります。一方で、一般的な企業では就業規則上、正社員には配転条項が設けられていることが多いため、地位を特定して採用した場合と同

様、職種を特定して採用した場合には、当該職種に限定されて雇用されていることをきちんと明示した上で、当該職種の職務内容や責務をできるだけ明確にし、それに基づいて能力不足の検討を行うことが必要と考えられます。

3．ジョブ型雇用の場合

　最後に、ジョブ型雇用に関しても少し触れておきます。「ジョブ型雇用」という言葉については、実務上、さまざまな意味で使用されているようにも思われますが、基本的には、特定の地位や職種、職務内容に限定して、雇用する方法を指します。そのため、ジョブ型雇用については、正社員の配転や降格は基本的に想定されていないでしょう。しかし、日本では、就業規則上、配転や降格の規定が存在するところが圧倒的に多いため、正社員全体を特定の地位や職種、職務内容に限定して雇用しているところは、現状ほとんどないように思われます。

　このジョブ型雇用の場合の解雇に対する基本的な考え方については、これまで述べてきた中途採用のケースにおける地位や職種を限定して雇用した場合の解雇の考え方と同様に考えてよいと思われます。そして、ジョブ型雇用の特徴として挙げられる、「職務記述書（ジョブディスクリプション）」（[図表2－4]参照）により、当該地位や職種に応じた職務内容や役割が明確化されているのであれば、その内容を前提として、能

図表2－4　　職務記述書（ジョブディスクリプション）の記載事項例

- 職種（配属部署／職務名／職務等級等）
- 具体的な職務内容
- 役割責任や権限
- 求められる知識、能力・スキル、その他
- 必要とされる資格（必須または望ましいとされる資格）
- 業務経験
- 期待される成果　　　等

力不足の場合における基本的な要件（①当該地位に期待される能力がなく解雇の事由が重大な程度に達しているかどうか、②使用者側が改善を促したにもかかわらず改善の余地がないかどうか）を検討して、解雇の可否を判断すればよいでしょう。また、ジョブ型雇用の性質上、当該地位や職種、職務内容が明確に決まった上での採用ですので、もともと配転・降格は想定されていないでしょうから、解雇回避としての配転や降格といった対応について特段検討しなかったとしても、解雇が無効となる可能性は低いと思われます。

☞ここが重要！

□地位や職種を特定した中途採用の場合には、それを前提とした能力不足の検討を行えば足りる

□ただし、当該地位、職種における能力不足を立証する必要があるため、当該地位や職種に求められている役割・責務はできるだけ明確にしておくべきである

□解雇をする前提として、注意指導は通常の能力不足の解雇と同様行う必要がある。一方で、配転、降格等の検討は必ずしも要しないが、採用時から地位や職種を特定して当該労働者を中途採用したことを明確にしておく必要がある

□ジョブ型雇用における解雇の場合、職務記述書（ジョブディスクリプション）で職務内容や役割が明確化されているのであれば、これを前提に検討すべき。解雇回避としての配転・降格を検討しなくても解雇無効の可能性は低い

❷ 協調性がない労働者に対する解雇

ケース9　単独での業務遂行能力は高いが、チームでの業務ではトラブルを起こし、同僚や部下ともうまくいかない従業員がいます。前任の上司は黙認していましたが、今次赴任してきた上司から、「業務に支障を来す」と申し出がありました。協調性不足による解雇は問題でしょうか。

トラブルポイント ▪▪▪▪▪▪▪▪▪▪▪▪▪▪▪▪▪▪▪▪▪▪▪

- 協調性不足による解雇の可否
- 協調性不足による解雇をする際の事前対応

1．協調性不足による解雇の検討

　本ケースは、能力的には問題はないものの、協調性不足を理由に解雇ができるかどうかという点が問題となっています。この点、労働契約上、労働者が行うべき根本的な義務は労務提供であり、協調性を持つこと自体は労働者が労働契約上法的に負っている義務ではありません。したがって、協調性不足自体を直ちに解雇の理由とすることは難しいと言わざるを得ないところです。しかしながら、この協調性不足を原因として、当該従業員が、他の従業員との間で円滑なコミュニケーションが取れなかったり、それを超えて他の従業員に対して悪影響を及ぼす、トラブルを起こしたりするような場合、職場全体の業務遂行に著しく支障を生じさせる結果となります。例えば、上司や会社に対して非難を繰り返す、他人に攻撃的な言動を繰り返す等が典型的に挙げられるところです。

　そのような協調性不足により業務に支障が出るような場合にまで至ると、**ケース3**で挙げた就業規則上の普通解雇の規定の中の「勤務成績又

は業務遂行能力が著しく不良で、改善の見込みがなく、就業に適さないとき。」といった条項や、「その他前各号に準ずるやむを得ない事由があったとき。」などの解雇事由に該当することとなり（[図表2－1]参照）、それによって解雇を検討していくことになります。

2．協調性不足による解雇の判断基準

　こうした協調性不足による解雇については、裁判例上も認められており、例えば、他の職員らに対してしばしば怒鳴ったり、きつい言葉遣いや態度を取ったり、叱責するなどし、当該職員らが強い不満やストレスを感じ、退職者も出る状況であった事案では、解雇を有効としています（ネギシ事件　東京高裁　平28.11.24判決　労判1158号140ページ。上告不受理により確定）。この事案では、当該職員の言葉遣い等を問題視し、会社代表者が再三にわたり当該職員に対し言葉遣いや態度等を改めるよう注意し、改めない場合には会社を辞めるしかないと指導、警告してきたにもかかわらず、当該職員は反省して態度を改めるといった改善が見られなかったという点も、解雇が有効となったポイントして挙げられるところです。

　また、「原告（筆者注：労働者）は、ささいなことから興奮し、同僚や上司の人格を著しく傷つける言動をすることが頻繁にあり、上司から注意されても、反省の態度を示さず、同様の言動を繰り返しており、これによれば、原告は、同僚と協調して業務を遂行する意思や自制心を著しく欠いており、これは、被告（筆者注：会社）の業務の円滑な遂行の支障になる程度に達していた」として協調性や自制心を欠く行為を解雇事由の一つとして挙げた裁判例（テレビ朝日サービス事件　東京地裁　平14．5.14判決　労経速1819号7ページ）もあります。

　さらに、職制や会社批判などの問題行動・言辞を入社当初から繰り返した結果、「それに対する被告（筆者注：会社）職制からの指導・警告及び業務指示にもかかわらず原告（筆者注：労働者）の職制・会社批判あ

るいは職場の周囲の人間との軋轢状況を招く勤務態度からすると、原被告間における労働契約という信頼関係は採用当初から成り立っておらず、少なくとも平成18年3月末時点ではもはや回復困難な程度に破壊されているものと見るのが相当」として、協調性に欠ける言動等を理由として、解雇を有効とした事例（セコム損害保険事件　東京地裁　平19.9.14判決　労判947号35ページ）もあります。

　このように、協調性不足を理由として、他の従業員や会社に多大なる支障を生じさせているようなケースでは、解雇が有効となりやすいところです。

　ただし、能力不足のケースと同様、協調性不足による業務上の支障があれば直ちに解雇ができるというわけではなく、前記ネギシ事件やテレビ朝日サービス事件でも挙げられているとおり、解雇を行う前提として、労働者の当該行為に対し、使用者が注意指導を行って改善の機会を与えることが必要です。また、協調性不足といったケースでは、たまたま当該部署における人間関係がうまくいかないために問題が生じた場合もありますので、個別事情によっては、解雇の検討をする前に、配転などで違う部署での人間関係も見た上で判断することも必要な場合があるでしょう。

　さらに、それが適応障害等の精神疾患による場合にはより慎重な検討が求められます。例えば、アスペルガー症候群に起因する言動で他者に対して攻撃的な言動を取っていた労働者に対して解雇をした事案では、当該労働者が一定のルールを厳格に守ることを極めて高い水準で他者に求め、これが守られない場合、被害的に受け止めて、その感情をコントロールできずに反撃的な言動を取ることは、アスペルガー症候群特有の問題であり、その症状に応じた解雇回避努力をしていないとして、解雇を無効としたものがあります（Ｏ公立大学法人［Ｏ大学・准教授］事件　京都地裁　平28.3.29判決　労判1146号65ページ）。

　本ケースでは、問題となる従業員は、チームでトラブルを起こし、同

僚や部下ともうまくいかないとのことですが、それが業務上どこまでの
支障を生じさせているのかという点は検討する必要があります。また、
前任の上司は黙認していたとのことですので、注意指導等をこれまで行っ
てきていない可能性が高く、その場合には解雇の前提として、注意指導
をして改善の機会を与える必要があり、それを行わない場合には、当該
解雇は無効となる可能性が高いでしょう。

👉ここが重要！

- □ 協調性不足の場合には、上司や会社に対して非難を繰り返す、他人に攻撃的な言動を繰り返す等、業務に大きな支障を生じさせているかどうかを検討する必要がある
- □ 能力不足による解雇同様、解雇をする前提として、注意指導による改善の機会の提供や、人間関係の問題であれば配転等の検討も含め、解雇前に対応を行うことが必要であり、こうした対応を取らず解雇を行うと、無効になる可能性が高まる

3 勤怠不良による解雇

当社の社員の中に、遅刻や欠勤が多く、出勤していても離席が多いなど、勤怠が著しく悪い社員がいます。この社員に対して、解雇を行っても問題ないのでしょうか。

トラブルポイント ■■■■■■■■■■■■■■■■

＊遅刻や欠勤が多いなど勤怠不良の社員の解雇を検討する場合の留意点

1．勤怠不良による解雇の検討

　本ケースは勤怠不良の場合の解雇の可否が問題となっています。労働契約において、労務提供は根本的な労働者の義務である以上、遅刻、早退、欠勤等の勤怠不良ということになれば、基本的に労働契約の債務不履行ということになります。

　そのため、普通解雇事由においても、**ケース3**で説明したように、就業規則上、例えば、「勤務状況が著しく不良で、改善の見込みがなく、従業員としての職責を果たし得ないとき。」といった規定を入れ（**[図表2－1]**参照）、解雇事由の一つとしているところです（なお、正当な理由のない無断欠勤、早退、遅刻に関しては、職場秩序維持義務違反として懲戒事由の一つにもなっていることが通常です）。

2．勤怠不良による解雇の判断基準

　ただし、普通解雇事由ではあっても、当然のことながら、解雇権濫用法理に基づき、「客観的に合理的な理由」および「社会通念上相当」といえるだけの状況が必要です。具体的には、勤怠不良の回数や頻度、勤怠

不良の理由、勤怠不良によって生じた職務上の悪影響、使用者からの注意指導およびそれによる改善の見込みなどを踏まえて、解雇の有効性を判断することになります。

　例えば、遅刻、早退に関し頻度や時間がわずかであれば、直ちに解雇は難しいでしょう。裁判例では、アナウンサーが二度にわたって朝寝坊をし、ラジオニュースの放送をすることができなかったことに対し解雇をしたケースにおいて、解雇を無効としています（高知放送事件　最高裁二小　昭52. 1.31判決　労判268号17ページ）。

　一方で、勤怠不良が続き、これに対し是正のための注意指導を行い、それにもかかわらず改善しない場合においては、解雇の有効性が高まります。例えば、遅刻や私用外出等を繰り返し、他の従業員の遅刻等の回数が1カ月平均0.02回であるのに対し、当該従業員は1カ月平均1.9回であって際立って多かったこと、その理由も真にやむを得ないものであるか疑わしかったこと、上司の注意指導に対しても指示を無視していたことなどから、「誠実に業務を遂行しようとする意欲が著しく欠けていた」として、解雇を有効とした事例（高島屋工作所事件　大阪地裁　平11. 1.29判決　労判765号68ページ。ただし、他の事由も併せて解雇を有効としています）があります。

　また少し極端なケースですが、通勤途上の負傷や私傷病等を理由に、4回の長期欠勤（4カ月、5カ月、約1年、約6カ月）を行うなど、約5年5カ月の期間のうち、約2年4カ月を欠勤し、また最後の長期欠勤の前2年間の出社日数のうち、約47％が遅刻だった事案で、「労働能率が甚だしく低く、会社の事務能率上支障があると認められたとき」に該当するとして解雇を有効としています（東京海上火災保険［普通解雇］事件　東京地裁　平12. 7.28判決　労判797号65ページ）。

　これに対し、仮に勤怠不良の事情が多くあったとしても、他の従業員との均衡から無効となることもあります。例えば、始業から15分以内の遅刻を数百回繰り返し（昭和55年6月から60年5月までの間に合計680回

以上、その後の60年11月および12月に合計30回、平成4年6月にも7回の遅刻）、タイムカードの改竄についても繰り返し行う等した事案で、当該労働者の勤務成績、勤務態度は非常に悪く、解雇事由に該当すると判断されたものの、他の従業員の中に1、2名当該労働者と同様の回数遅刻を重ねている職員がおり、その者は解雇されていないことなどから、解雇を無効としたもの（社団法人神田法人会事件　東京地裁　平8.8.20判決　労判708号75ページ）もあります。

3．判断のポイント

このように、勤怠不良のケースにおいても、その回数や頻度が解雇できるまでの重大な程度に達していること、使用者が注意指導を行い改善の機会を与えたにもかかわらず、改善しなかったこと等の解雇一般に必要とされる要件が欠かせない点を抑えておかなければなりません。

☞ここが重要！

□勤怠不良の場合には、勤怠不良の回数や頻度、勤怠不良の理由、勤怠不良によって生じた職務上の悪影響、使用者からの注意指導およびそれによる改善の見込みなどを踏まえて、解雇を検討する必要がある

④ 疾病、負傷を理由とする解雇、後遺障害を理由とする解雇

❶疾病・負傷を理由とする解雇

ケース11 私傷病上のうつ病に罹患し、業務遂行が難しくなった社員を解雇できるのでしょうか。

トラブルポイント ■■■■■■■■■■■■■■■■■■■■■■■■■■

私傷病で業務遂行が難しくなった場合の事情と解雇のタイミング

１．私傷病による解雇の可否

　労働契約において、労務提供は根本的な労働者の義務である以上、労働者が私傷病に罹患し労務提供をすることができなくなった場合には、債務不履行となり、使用者側としては解雇する必要が生じます。そのため、**ケース３**で説明したとおり、通常、就業規則において、「精神又は身体の障害により業務遂行に堪えられないと認められたとき。」といった解雇事由を設け（**[図表２−１]**参照）、私傷病により労務提供できない場合に解雇することができるようにしています。

　もっとも、解雇事由に該当したとしても、解雇が有効となるためには、「社会通念上相当」である必要があります。この点に関し、私傷病により労務提供ができないことは、誰にでも起こり得る問題です。すなわち、例えば、風邪等で一時的に労務提供ができず欠勤することもあると思われます。しかし、このような風邪のケースで数日程度欠勤したとしても、直ちに解雇ができないことは容易に想像ができるでしょう。

　さらに企業では、就業規則等で、休職制度を設けているケースが多く見受けられます。この点、休職制度はいわゆる解雇猶予のために設けら

れた制度であるため、休職制度がある場合には、労務提供ができなかったとしても、休職期間を経過するまでは解雇ができないのが原則です。

2．判断のポイント

　こうしたことを踏まえた場合、私傷病による労務提供が不能になることで、解雇が認められるためには（「社会通念上相当」というためには）、以下のような点を考慮することになります。

> ①長期間にわたる労務提供不能の状況が続き、使用者として解雇もやむなしといえるほどの重大な程度に達しているといえること
> ②他の業務などへの配転可能性も含め、解雇回避措置を尽くしてもなお雇用継続が難しいこと

　この点、まず①についてさらに説明を加えると、例えば、休職期間が満了した時点で本来の業務ができなかったとしても、直ちに①の要件を満たすというわけではなく、その後、短い期間で本来の業務まで回復ができる場合には、解雇が無効となる可能性がありますので、注意が必要です。裁判例上も、「当該休職命令を受けた者の復職が認められるためには、休職の原因となった傷病が治癒したことが必要であり、治癒があったといえるためには、原則として、従前の職務を通常の程度に行える健康状態に回復したことを要するというべきであるが、そうでないとしても、当該従業員の職種に限定がなく、他の軽易な職務であれば従事することができ、当該軽易な職務へ配置転換することが現実的に可能であったり、当初は軽易な職務に就かせれば、程なく従前の職務を通常に行うことができると予測できるといった場合には、復職を認めるのが相当」とした事案（独立行政法人Ｎ事件　東京地裁　平16．3.26判決　労判876号56ページ）や、「直ちに従前業務に復帰ができない場合でも、比較的短期間で復帰することが可能である場合には、休業又は休職に至る事情、使用者の規模、業種、労働者の配置等の実情から見て、短期間の復帰

準備時間を提供したり、教育的措置をとるなどが信義則上求められるというべきで、このような信義則上の手段をとらずに、解雇することはできない」と判断した事案（全日本空輸［退職強要］事件　大阪地裁　平11.10.18判決　労判772号9ページ、大阪高裁　平13.3.14判決　労判809号61ページ）があります。なお、これらの裁判例のうち、独立行政法人N事件については、休職期間満了後、復職したとしてもその後半年間は本来の業務量の半分程度としなければならないような健康状態のケースであったため、「実質（原文ママ）な休職期間の延長というべき内容であって、しかも、半年後には十分に職務を行えるとの保障もな」いとして、解雇を有効としています。一方で、全日本空輸（退職強要）事件においては、復職後6カ月超経過した従業員について本来業務ができないとして解雇したことに対し、本来業務ができない理由が必ずしも疾病ではないとして解雇無効としています。

　また、本ケースと同じような、躁うつ病の事案において解雇をしたケースにおいては、①における回復可能性を指摘するとともに、本来の休職期間が残っている段階で解雇したことも相まって、解雇を無効としています（K社事件　東京地裁　平17.2.18判決　労判892号80ページ）。このように休職期間を定めている場合には、よほど休職期間満了後も本来業務ができないことが明白でない限り、解雇は避けるべきでしょう。

　以上を踏まえると、①に関しては、疾病の回復可能性（休職期間満了時などにおいて、少なくとも程なくして回復ができるかどうか）、復職後の業務の提供ができない理由が疾病によるものか、といった観点を検討することが必要となります。

　次に、②についても留意すべき点があり、「労働者が職種や業務内容を特定せずに労働契約を締結した場合においては、現に就業を命じられた特定の業務について労務の提供が十全にはできないとしても、その能力、経験、地位、当該企業の規模、業種、当該企業における労働者の配置・異動の実情及び難易等に照らして当該労働者が配置される現実的可

能性があると認められる他の業務について労務の提供をすることができ、かつ、その提供を申し出ているならば、なお債務の本旨に従った履行の提供があると解するのが相当」とされています（片山組事件　最高裁一小　平10.4.9判決　労判736号15ページ）。すなわち、職種等を特定していない限り、復職時には、単に従前の業務に戻せるかどうかだけではなく、当該従業員の地位等に基づいて他にできる業務があれば、その検討も必要になり、それを行わないと「社会的相当性」の判断の一つである、解雇回避の手段の有無の点で解雇が無効となる可能性が高まります。

　一方で、職種や業務内容が限定されているケースでは、配転可能性の検討は不要として解雇を有効（北海道龍谷学園事件〔旧事件名　小樽双葉女子学園事件〕　札幌高裁　平11.7.9判決　労判764号17ページ）とされるなど、②の要件については、主として、職種や業務内容が限定されず、配転が想定されている労働者において必要な要件となっています。

　以上を前提とした場合、本ケースでは、私傷病上のうつ病に罹患し、業務遂行が難しくなったとのことですが、その場合でも、休職期間の定めの有無や回復可能性、他の業務などへの配転の可能性を検討して解雇の有効性を判断する必要があります。

☞ここが重要！

□休職制度がある場合には、休職期間中の解雇は原則として避けるべきである

□解雇を検討する上では、当該私傷病が治癒するまでにどの程度の期間がかかるのかを確認し、休職期間が終了したとしても、その後、短い期間で本来業務ができるようであれば、解雇は避けるべきである

□本来業務ができるかどうかについては、職種限定がない限り、私

傷病で休む前の業務を基準とするのではなく、当該従業員の地位
等に基づいて他にできる業務があれば配転等の検討も必要になる

❷後遺障害を理由とする解雇

ケース12 私傷病である脳梗塞の後遺障害が原因で、従前の業務
の遂行ができないことを理由に、社員を解雇すること
は問題でしょうか。

トラブルポイント ■■■■■■■■■■■■■■■■■
私傷病が原因で後遺障害が出た場合の解雇の留意点

1．後遺障害による解雇の検討要素

　本ケースのような私傷病による後遺障害が原因で従前の業務遂行が困
難になった場合において解雇を検討する場合にも、通常の私傷病のケー
ス同様、**ケース3**のとおり、「精神又は身体の障害により業務遂行に堪え
られないと認められたとき。」といった解雇事由（**[図表2-1]**参照）を
使用することになります。

　また、解雇の「社会的相当性」を判断するための要素も基本的には同
様で、下記の2点を検討することになります。

①長期間にわたる労務提供不能の状況が続き、使用者として解雇もや
　むなしといえるほどの重大な程度に達しているといえること
②他の業務などへの配転可能性も含め、解雇回避措置を尽くしてもな
　お雇用継続が難しいこと

2．後遺障害による解雇の判断ポイント

　ただし、後遺障害の場合には、この①②の要件のうち、①については既に症状固定されていること（治癒）から今後これ以上の改善は期待しにくい（回復可能性がない・低い）ところですので、後遺障害によって本来業務の提供が難しいと判断されると、①の要素は満たしやすくなるものと思われます。

　裁判例上は、例えば、保健体育の教諭が脳出血で右半身不随となり、その後2年余り後に復職を申し出たが、「身体の障害により業務に堪えられないと認めたとき」に該当するとして解雇した事案では、保健体育の教員としての身体的資質・能力水準に達していないとして、解雇を有効としています（北海道龍谷学園事件〔旧事件名　小樽双葉女子学園事件〕　札幌高裁　平11．7．9判決　労判764号17ページ）。

　また、歯科衛生士が頸椎症性脊髄症による長期間の休業の後、左上肢を上げたままの姿勢を長く保持することが困難等になった事案では、適切な歯口清掃検査を迅速かつ的確に行うことが難しいとして、解雇を有効としています（横浜市学校保健会［歯科衛生士解雇］事件　東京高裁　平17．1.19判決　労判890号58ページ）。

　一方で、②についても通常の私傷病と同じ考え方であり、職種や業務内容が限定されていないような場合には、他への配転の可能性を検討して解雇の有効性を判断する必要がありますが、職種や業務内容が限定されている場合には、その検討は必ずしも必要とされません。上記北海道龍谷学園事件〔旧事件名　小樽双葉女子学園事件〕においても、当該保健体育の教員は、公民、地理歴史の教諭資格も取得しており、当該教員としての業務も検討すべきと主張していましたが、裁判所は、この点について、保健体育の教員として採用した以上、公民、地理歴史の教員としての業務の可否を論ずる余地はないとしています。

　本ケースでは脳梗塞で従前の業務ができないとのことですので、前記②の配転等の可能性を検討して解雇の有効性を判断することになります。

☞ここが重要！

□後遺障害のケースも、基本的な考え方は通常の私傷病のケースと
同様である

5 本採用拒否

ケース13　能力不足や協調性不足を理由に、試用期間満了時に本
採用を拒否したいが、問題でしょうか。

トラブルポイント

本採用拒否の場合と通常の普通解雇要件の検討の必要性

1．試用期間の法的性質

多くの企業では、長期的な雇用を前提とする正社員を採用する際に、
採用後一定期間の試用期間を設けています（試用期間は法律上求められ
ているものではないため、試用期間を設けないことも可能です）。この試
用期間の制度を設ける場合には、就業規則等にその内容を明記しておく
ことが必要であり、実務上も多くの企業で試用期間を定めています（就
業規則上3カ月とするところが多いでしょう）。

これらの企業において、試用期間を設定する目的としては、試用期間
の中で、採用した労働者の業務上の適性を判断し、今後雇用を継続する
ことができるかどうか（本採用するかどうか）を決定するためであるこ
とがほとんどであるかと思われます。

裁判例上も、この試用期間の趣旨・目的について、「解約権の留保は、

（中略）採否決定の当初においては、その者の資質、性格、能力その他上告人の（中略）適格性の有無に関連する事項について必要な調査を行ない、適切な判定資料を十分に蒐集することができないため、後日における調査や観察に基づく最終的決定を留保する趣旨でされるもの」（三菱樹脂本採用拒否上告事件　最高裁大法廷　昭48.12.12判決　労判189号16ページ）、「労働者の適性を評価・判断するため」（神戸弘陵学園事件　最高裁三小　平2.6.5判決　労判564号7ページ）とし、試用期間中の雇用を解約権留保付労働契約と解しています。

　このような試用期間の法的性質（解約権留保付労働契約）の帰結として、本採用拒否をすることは留保付解約権の行使を意味しますので、本採用拒否も解雇の一類型と考えることになります。ただし、試用期間の趣旨・目的が、上記のとおり、労働者の適性の評価および判断のためであることから、裁判例上、本採用拒否の場合には、通常の普通解雇よりも広い範囲で解雇の自由が認められると判示しているところです（上記三菱樹脂本採用拒否上告事件、神戸弘陵学園事件）。

2．本採用拒否の具体的な判断基準

　前記1.のとおり、裁判例上、本採用拒否は通常の普通解雇よりも広い範囲で解雇の自由が認められるとされていますが、一方で、本採用拒否の有効性を判断する際の具体的な基準については、裁判例上、「解約権留保付雇用契約における解約権の行使は、解約権留保の趣旨・目的に照らして、客観的に合理的な理由があり社会通念上相当として是認される場合に許される」と判示されており（前記神戸弘陵学園事件等）、「解約権留保の趣旨・目的」を踏まえつつも、普通解雇と同様に解雇権濫用法理の判断基準を使用しているところです。したがって、試用期間だからといって、安易に解雇が許されるというものではなく、解雇の一類型として、解雇権濫用法理の基準に基づいて判断する必要があります。

　では、本ケースのように、能力不足や協調性不足を理由に、本採用拒

否の検討をする場合は、どういった判断基準となるのでしょうか。

　本ケースと同様に、緊急の業務指示に速やかに応じない態度を取る、採用面接時にはパソコン使用に精通している旨述べたにもかかわらずファックス送信すら満足にできない、代表取締役の業務上の指示に応じない、重要な業務がある日に休暇を取る等、労働者の資質、能力、勤務態度、仕事への取り組み姿勢、協調性の欠如を理由とする試用期間中の解雇の裁判例があります（ブレーンベース事件　東京地裁　平13.12.25判決　労経速1789号22ページ）。当該裁判例においては、当該従業員の各問題行為を踏まえ、「期待に沿う業務が実行される可能性を見出し難いもの」として解雇を有効としています。本ケースでもこの点、「期待に沿う業務が実行される可能性が見出し難い」と判断されれば、解雇の有効性は上がります。

　ただし、必ずしも単に能力不足や協調性不足があれば、解雇できるというわけではありません。同様の労働者の能力や資質に関する事案ですが、本採用拒否を無効とした裁判例もあります（日本軽金属の事件　東京地裁　昭44. 1.28判決　労判73号10ページ、東京高裁　昭45. 9.17判決　労民21巻5号1274ページ）。この裁判例は、当該労働者の能力や資質に関する問題点に対し、何ら注意指導や教育をすることなく本採用拒否をした事案ですが、当該裁判例ではこの点に関し、「教育によってたやすく矯正し得る言動、性癖等の欠陥を何ら矯正することなく放置して、それをとらえて解雇事由とすることは許されない」と判示し、問題行為があるにもかかわらず注意指導や教育をしなかったことを指摘し、本採用拒否を無効としています。

　以上の裁判例を踏まえ、本ケースでは、能力不足や協調性不足を理由に試用期間満了時の本採用拒否を検討しているとのことですので、その前提として、試用期間中に、労働者の能力不足や協調性不足といった問題点があるのであれば、それに関して注意指導や教育を行い、改善の機会を与えることが必要となります。そして、こうした改善の機会を経ても問題行為が改善されないのであれば、本採用拒否は有効となると思われます。

このように、本採用拒否の場合には、その趣旨・目的から通常の普通解雇よりも広い範囲の解雇の自由が認められるとされているものの、実務上、本採用拒否を検討する際に行うべき使用者側の対応に関しては、通常の普通解雇とほぼ同様の取り扱いが必要です。

なお、他の事例についても少し紹介すると、例えば、試用期間中の出勤率が90％に満たないときあるいは3回以上無断欠勤をした場合などには社員として継続雇用しないという内規がある会社で、出勤率84.4％程度であった従業員を本採用拒否したという勤怠不良の事例で、当該本採用拒否を有効とした事案があります（日本コンクリート事件　津地裁昭46. 5.11決定　労判136号6ページ）。一般的には、本裁判例のように出勤率84.4％程度で直ちに解雇が有効になるかについては疑義がありますが、勤怠不良という理由での本採用拒否が認められた点では一つ参考となるでしょう。

また、意図的に履歴書や職務経歴書に虚偽の内容を記載した等の経歴詐称の事案（その他、勤務態度も不良であった事案）に関して、本採用拒否を有効としたものもあります（アクサ生命保険ほか事件　東京地裁　平21. 8.31判決　労判995号80ページ）。

このように勤怠不良や重大な経歴詐称も、本採用拒否の理由として挙げられます。

☞ここが重要！

□従業員としての適格性を判断するという試用期間の趣旨・目的から、本採用拒否としての解雇は、通常の解雇よりも広い範囲で解雇の自由が認められている

□ただし、本採用拒否の前提として、試用期間中の労働者の問題行為は、放置せず注意指導や教育を繰り返すことが必要である

3 整理解雇 （使用者側の事由による解雇）

① 4要素とは何か

ケース14 整理解雇をする際に、考慮される「4要素」とはどういうものでしょうか。4要素では、一つの要素が妥当ではないとしても解雇が有効になることはあるのでしょうか。

トラブルポイント
✦ 整理解雇の4要素
✦ 一つの要素の欠如と解雇の有効性

1．整理解雇の4要素とは

　整理解雇は、一般的に使用者側の事由（例えば、経営難や事業廃止等）を理由とする解雇ですので、労働者側の事由（例えば、成績不良や非違行為）を理由とする解雇よりも厳格に解雇の有効性が判断されます（ただし、会社解散による解雇の場合には整理解雇法理は適用されず、原則として解雇は有効として考えられています。**ケース23**参照）。これまでの裁判例の積み重ねにより、整理解雇の有効性の判断は、**[図表2－5]**の四つの要素を総合考慮する判断手法が固まっています（CSFBセキュリティーズ・ジャパン・リミテッド事件　東京高裁　平18.12.26判決　労判931号30ページ、日本航空[客室乗務員解雇]事件　東京高裁　平26．6．3判決　労経速2221号3ページ）。

　このように、4要素から整理解雇の有効性を判断するため、一般に「4

図表2－5　整理解雇の4要素

①人員削減の必要性
②解雇回避努力
③人選の合理性
④手続きの妥当性

要素」説といわれます。

　なお、[図表2－5]の4要素が「要件」であるとして、一つの要件でも認められない場合には解雇の要件を欠くものとして解雇が無効になるという「4要件」説がありますが、裁判例では4要素を総合考慮した判断手法が固まっています。

2．各要素はどのような意味か
[1]人員削減の必要性
　「人員削減の必要性」とは、従業員を解雇することによって従業員数を削減することの必要性を意味するものです。典型的には、経営状況が赤字となっている場合のように、経営の維持・改善のために従業員数を減らすことが必要であるといえる事情の有無がこの要素において考慮されます。

[2]解雇回避努力
　整理解雇においては、人員削減の必要があるとしても、使用者が整理解雇となる事態を回避できるような努力を尽くしていたか、ということが考慮され、これが「解雇回避努力」と呼ばれるものです。使用者が解雇回避措置を何ら取らずに整理解雇を実施した事案においては、当該解雇は無効と判断される可能性が極めて高くなります（あさひ保育園事件　最高裁一小　昭58.10.27判決　労判427号63ページ）。

　解雇回避努力の例としては、従業員の配転や出向、従業員の賃金の減額、希望退職の募集（退職加算金等の支給により通常の退職よりも優遇した退職条件で退職者を募ること）等が主に挙げられます。このように使用者は、従業員の解雇を避けるべく種々の方策を取る努力が求められますが、解雇回避努力としては使用者の事情によって取り得る手段も異なるため、使用者において可能な解雇回避努力を行うことが一般的です。

[3]人選の合理性

　使用者が整理解雇をする必要があるとしても、被解雇者（解雇の対象となる従業員）の人選については、恣意的であってはならず、客観的で合理的な基準を設定し、これを公正に適用して人選を行うことが合理性のある事情となります。

　例えば、年齢、成績、勤怠等、客観的に合理的な人選の基準を設けた上で、その基準に従った人選を行うことが一般的です。他方で、労働組合の組合員であることや性別を理由とした人選については、不合理な人選に当たるとして解雇が無効と判断されるということになります。

[4]手続きの妥当性

　使用者は、従業員や労働組合に対して整理解雇の必要性とその時期・規模・方法等について納得を得るために説明を行い、さらにそれらの者と誠意をもって協議すべき義務（労働組合との間に解雇協議約款が存在する場合には、それに基づく義務）を負うとされています（東亜外業事件　神戸地裁　平23.11.14決定　労判1042号29ページ）。

　このように、使用者は整理解雇に当たって、事前に誠意をもって説明・協議を行う必要があり、特に労働組合に対しては十分な協議を行うことが求められます。

　さらに、使用者には手続きの妥当性が求められることから、整理解雇の実施前に十分な説明・協議の期間を確保して臨むなど、整理解雇に向

けてどのような手続きを行うべきか、スケジュールの作成をして整理解雇を進めることが一般的です。

3．要素説における判断

　4要素説では、上記のように総合考慮して整理解雇の有効性が判断されるため、4要素のうちの一つが不十分な場合であっても整理解雇は理論上、有効になり得ます。

　ただし、整理解雇の4要素の一つが不十分な場合には、総合考慮をしたとしても、整理解雇が無効と判断される例が多いところです。実務上、どの要素も不十分と評価されないよう、整理解雇に向けて検討を行うことが必要不可欠となります。

☞ **ここが重要！**

☐ **整理解雇の4要素**
　✓整理解雇は、①人員削減の必要性、②解雇回避努力、③人選の合理性、④手続きの妥当性の4要素により判断される

☐ **4要素における判断**
　✓4要素説であっても一つの要素が不十分な場合には解雇が無効と判断されやすいため、どの要素も不十分と評価されないよう検討を行うことが必要不可欠である

② 人員削減の必要性

ケース15　業績が年々悪化し、赤字になりそうなため、会社の再建を図るべく人員を整理して組織をスリム化しようと考えていますが、現在は黒字でも解雇は有効になるのでしょうか。

トラブルポイント ■■■■■■■■■■■■■■

❋ 経営状況が黒字の際の解雇の有効性
❋ 人員削減を行う手段

1．人員削減の必要性の有無

　整理解雇の判断要素の一つが「人員削減の必要性」ですが、人員の削減の必要性は整理解雇の4要素における判断の基礎となる重要な要素です。というのも、そもそも人員の削減をする必要がないと評価されれば、人員削減のための整理解雇自体の必要性がないことになりますので、その場合には4要素説（ケース14参照）であっても整理解雇は無効と判断されます。

　この要素については、基本的に経営状態が赤字であるなどの事情があれば、会社の存続をするため経営を改善する必要があることから、人員を削減する必要性が肯定されることになります。

　これに対して、現在の経営状態が黒字の場合には、現時点において人員を維持できることになるため、人員を削減する必要があるとまではいえないという評価もあり得、人員削減の必要性が認められないと争われることがあります。

　しかしながら、現在の経営状態が黒字であるとしても、今後の経営状態が赤字になるという具体的な経営予測がある場合には、会社の存続の

ために経営を改善・強化する必要性があると判断され、人員削減の必要性を肯定することができますし、また、将来の経営予測が経営危機に陥らないものの採算性の向上を図るために人員を整理することの合理性が認められる場合には、人員削減の必要性が認められることになります。これは、経営上の必要性に基づく判断であり、経営には会社に広範な裁量があり、会社の経営判断が尊重されているためです（ナショナル・ウエストミンスター銀行[二次仮処分]事件　東京地裁　平11. 1.29決定　労判782号35ページ）。このように人員削減の必要性においては会社の経営判断が尊重され、不合理な判断といえるような場合（人員を削減する一方で役員報酬は支払っているなど矛盾した行為等）でない限りは、基本的に人員削減の必要性は肯定されると思われます。

　本ケースにおいては、現在の経営状態が黒字ではあるものの、業績が年々悪化しており、赤字となる予測もありますので、経営上人員を削減することの判断が不合理なものとはいえず、人員削減の必要性は認められるでしょう。

2．解雇回避努力の程度

　人員削減の必要性は、経営判断が尊重され、広く認められる傾向にありますが、その一方で、緊急性の高いものから低いものまで必要性の程度が異なるものとなります。この人員削減の必要性の程度に応じて、使用者に求められる解雇回避努力の程度も異なります。

　仮に、人員削減の必要性が高度であり、緊急の必要（数カ月後に倒産する事態になる等）があれば、使用者の取ることができる解雇回避努力も限られ、使用者に求められる解雇回避努力の内容も限定的なものとなります。その逆に、人員削減の必要性が低く緊急の必要もない場合（本ケースのように経営状態が現在は黒字であって、今後、赤字になる見込みのような場合）であるとすると、比較的、財政状態や時間に猶予がある状況であり、使用者が解雇回避努力として行える選択肢も多いといえ

ます。例えば、時間に余裕がある分、他のコストの削減の実施や役員報
酬、従業員の賃金の減額、希望退職の募集や退職勧奨の実施等の選択肢
を検討・実施可能であることから、これらの解雇回避努力を可能な限り
検討し、実施することが求められることになります。実際に、整理解雇
をしなければ経営危機に瀕（ひん）するなどの状態ではなく、将来の減収に備え
て従業員を解雇するという経営戦略的な整理解雇の場合は、使用者に対
し、より一層の厳格な解雇回避努力義務を課すべきであると判断された
事例があります（社会福祉法人仁風会事件　福岡地裁　平19. 2.28判決
労判938号27ページ）。

　本ケースでは、現在は黒字であることから、上記のとおり、取り得る
選択肢も多いと思われますので、赤字を回避できる方策を検討の上実施
することが肝要です。これらの努力を行わずに、経営が赤字になりそう
であるとの理由で何ら方策を講じずに整理解雇を実施するとすれば、
人員削減の必要性自体は肯定されるとしても、解雇回避努力が不十分で
あるとして整理解雇は無効と判断される可能性が極めて高いものとなり
ます。

3．本ケースにおける実務上の対応策

　本ケースでは、人員削減の必要性は認められるとしても、緊急性が高
いとは言い切れないところですが、今後、経営が赤字になってしまう予
測もあり、組織をスリム化する事情もあるとのことですので、まずは人
件費以外のコストの削減に努めるとともに、人件費の削減の場合のシナ
リオ等種々の経営予測をした上で、解雇回避の方針を立てるとよいで
しょう。そして、人員を削減する方向が有力な選択肢となるのであれ
ば、直ちに整理解雇を行うのではなく、一時的に金銭的負担が生じるこ
とになりますが、希望退職の募集や退職勧奨を行うことにより、戦略的
に人員を削減することが解雇に伴うリスクを極力回避し、経営の早期な
改善を図る一歩とすることができます。これに対して、経営が赤字になっ

てからでは、希望退職の募集や退職勧奨の際に退職の条件とする退職加算金の支給が難しくなることも予想されます。そのため、経営が黒字であり、逼迫していない状況であるならば、希望退職の募集によって組織のスリム化を図ることが適切な対応といえます。

　希望退職の募集を行った後もなお、さらに人員を削減する必要が生じてしまい、解雇回避努力も限られたものとなってしまう場合には、いよいよ整理解雇の実施に向けて具体的な検討（人選基準の設定や整理解雇の進め方の検討）に入り、検討の上、整理解雇の実施に踏み切ることとなります。

☞ここが重要！

□人員削減の必要性
- ✔人員削減の必要性が認められなければ、解雇は無効となる
- ✔人員削減の必要性は経営判断が尊重され、肯定されやすいが、不合理な判断と評価される場合には、人員削減の必要性は否定される

□解雇回避努力
- ✔解雇回避努力はさまざまな選択肢があるが、人員の削減の必要性の程度に応じて、解雇回避努力も可能な限り行う必要がある

ケース16 　急激に業績が悪化したことから、倒産を回避するために何人かを解雇する方針ですが、可能でしょうか。その後、業績が持ち直すことも想定していますが、その場合には新卒採用を行ってもよいのでしょうか。

トラブルポイント

✲ 急激な業績悪化の場合の人員削減の必要性と解雇回避努力
✲ 人員削減の必要性と新卒採用の実施

1．急激な業績悪化と人員削減の必要性と解雇回避努力

　急激に業績が悪化している場合には、倒産を回避し、会社の維持のために、人員削減を迫られることもあるでしょう。ただし、その場合であっても、整理解雇が当然のように認められるわけではありません。人員削減の必要性は整理解雇の4要素のうちの1要素にとどまりますので、人員削減の必要性だけで当然に整理解雇が有効になるわけではなく、4要素に従った検討が不可欠となります。また、人員削減の必要性と解雇回避努力は密接に関連し（**ケース15**参照）、複合的に検討する必要もあります。

　急激な業績の悪化により、人員削減の必要性が認められる状況であるとしても、その程度に応じて他の要素において求められる程度も異なり得ます。そのため、急激な業績の悪化ということを理由に、人員削減の必要性の程度も緊急性の高いものと説得力を持って説明できるかが問題となります。

　この点について、会社の業績が急激に悪化していることは、支払いが滞ることなどによって会社の経営が危なくなり、ひいては倒産することもあり得ますが、例えば、それが一時的なものにとどまるのか、業績の

悪化が継続するのか否かにも左右されます。一時的な業績の悪化であれば、役員報酬の減額、賞与の不支給、一時帰休、業務委託契約の解消などによる人件費の削減方法もあるため、それによって経営を維持することができるかを検討して解雇回避努力を講じる必要もあり、直ちに人員を削減する必要があるとは必ずしもいえないことになります。

　他方で、今後も業績の悪化が継続することが予想される場合には、解雇回避努力として何を行うことができるのか、解雇回避努力を行ったとしても、どの程度の人数を削減する必要があるのかということを、シナリオを作成して分析し、数値を用いて具体的に説明できるようにして検討することが適切です。例えば、業績が悪化し続ける場合には、一時帰休や賞与不支給でも対応できず、数カ月後には、支払いができなくなるために倒産の危機に瀕するというのであれば、その事態を回避して事業を継続するために、○○○○円分の支出を早急に抑制する必要もあることから、従業員を○○人削減する必要があると算出するように（これは例示として単純化したものですので実際には複雑なシナリオになるでしょう）、具体的に数値を用いて説明できるならば、解雇回避努力を行ったことや人員削減の必要性が高度であることを説明しやすくなります。

2．採用と人員削減の必要性

　整理解雇により人員削減をする一方で、業績が持ち直すような場合に新卒採用を行うことはできるでしょうか。整理解雇という人員削減と、新卒採用という人員の増加が矛盾しているため、人員削減の必要性が否定されるのか、という点で問題となります。

　この点について、泉州学園事件（大阪高裁　平23．7.15判決　労判1035号124ページ）においては、「そもそも、人件費削減の方法として、人件費の高い労働者を整理解雇するとともに、他方では人件費の安いほぼ同数の労働者を新規に雇用し、これによって人件費を削減することは、原則として許されないというべきである。なぜならば、同程度の人件費の

削減を実現するのであれば、人の入れ替えの場合よりも少ない人数の整理解雇で足りると解されるし、また、このような人を入れ替える整理解雇を認めるときは、賃金引き下げに容易に応じない労働者の解雇を容認し、その結果として労働者に対し賃金引き下げを強制するなどその正当な権利を不当に侵害することになるおそれがあるからである」と判示されています。

　上記泉州学園事件を参考にすると、整理解雇を行った後の採用は、客観的には人の入れ替えと判断されてしまうため、原則としては人員削減の必要性が否定される可能性があるものといえます。

　他方、淀川海運事件（東京高裁　平25. 4.25判決　労経速2177号16ページ）では、解雇後に若干名を補充した事案ですが、その業務での必要性の観点もあり、整理解雇における人員削減の必要性は肯定されています。

　この裁判例も踏まえると、業績が持ち直して向上したことにより業務の必要性との関係で若干名の採用を行ったということであれば、人員削減の必要性は肯定される可能性があります。

　もっとも、本ケースにおけるような新卒採用の場合には、即戦力での採用ではないため、業務との関係で新卒採用を行う必要性を説明しにくいところです。また、もともと予定していた新卒の採用を行うことは、業績の悪化のために人員の削減が必要だとしていた経営判断自体が誤りではないかとの疑念を持たれるものとなりますので、人員削減の必要性が否定される事情にもなり得ます。

　そのため、本ケースにおいては業績が向上したとしても新卒採用は行わないほうがよく、新たな採用を行うのであれば、業務上の必要性との関係で説明できるよう、業績の向上に伴う人員の増加が必要であるという事情が不可欠ですし、それに伴う採用は即戦力として期待する中途採用を若干名するほうがよいといえます。

☞ ここが重要！

□人員削減の必要性と解雇回避努力

　✔急激な業績悪化でも4要素に沿った検討が必要不可欠であるが、人員削減の必要性と解雇回避努力については複合的に検討することが必要である

□整理解雇と採用

　✔整理解雇を行う一方で、新規採用を行うことは原則として人員削減の必要性が否定される事情となる

　✔新規採用を行うのであれば、新規採用が必要と説明できる事情が必要であり、採用は若干名で中途採用とするほうがよい

❸ 解雇回避努力

ケース17 　解雇回避努力として、何をどの程度行う必要がありますか。

トラブルポイント ■ ■ ■ ■ ■ ■ ■ ■ ■ ■ ■ ■ ■ ■ ■ ■ ■

❋ 解雇回避努力の内容や程度

1．解雇回避努力の具体例

　整理解雇の4要素の一つが解雇回避努力であり、解雇回避努力として使用者が何を行ったのかが、整理解雇の有効性の判断において考慮されます。

　この解雇回避努力の例としては、典型的には、以下のものを列挙することができます。

- 人件費以外の経費削減
- 従業員の配転や出向による雇用の確保
- 役員報酬の減額
- 従業員の賞与・賃金の減額
- 昇給停止
- 新規採用停止
- 残業抑制
- 一時帰休（従業員を一時的に休業させ、賃金の支払いを抑えること）
- 希望退職の募集、退職勧奨

　使用者は、上記に例示したすべての解雇回避努力を行わなければならないわけではありませんが、人員削減の必要性の程度に応じて、客観的に期待可能なものであって、解雇よりも不利益が小さい措置を講じなければならず、これらを一つも試みない整理解雇は無効と判断される可能性が高いです（あさひ保育園事件　最高裁一小　昭58.10.27判決　労判427号63ページ、日本通信事件　東京地裁　平24. 2.29判決　労判1048号45ページ）。

２．急激に業績が悪化した場合

　例えば、新型コロナウイルスの感染拡大の事情などによって、急激に業績が悪化した場合には、どのような解雇回避努力が考えられるでしょうか。

　急激な業績の悪化の場合には、それが数カ月続くと倒産に瀕することもあり得ますので、解雇回避努力を行う時間的な猶予もないことが多く、また、希望退職の募集のようにある程度の期間や一時期的に金銭的な負担が生じる対応を取ることも通常は困難と思われます（もちろん、使用者に資金や時間に余裕がある場合であれば別です）。

　このような急激な業績悪化のケースであれば、一時帰休、役員報酬の減額、従業員の賞与や賃金の減額など、可能な限りのコスト削減策を取

ることが考えられます。しかし、これらの方策は緊急対応のため効果は限定的で、業績悪化が続く場合には、これらの解雇回避努力を行っても、人員を削減しなければ倒産の危機に瀕するということもあり得ます。

　使用者がこれらの解雇回避努力を行っており、ほかに解雇を回避できるような合理的な手段がないのであれば、整理解雇を行うとしても解雇回避努力を行ったものとして評価されると思われます。

３．赤字ではないものの業績が悪化する予測がなされている場合

　ケース15において述べたとおり、整理解雇をしなければ経営危機に瀕するなどの状態ではなく、将来の減収に備えて従業員を解雇するという経営戦略的な整理解雇の場合は、使用者に対し、より一層の厳格な解雇回避努力義務を課すべきであると判断されることがあります（社会福祉法人仁風会事件　福岡地裁　平19．2.28判決　労判938号27ページ）。

　赤字ではないものの業績が悪化する予測がなされている場合、経営上、種々の解雇回避措置を講じることができる状況であるからこそ、より一層の解雇回避措置を求められることとなりますので、会社の置かれた状況に照らして行うことができる解雇回避措置を検討の上、複数のシナリオを想定し比較検討するとよいでしょう。

　例えば、コスト削減策として、役員報酬や賃金賞与の減額を行った場合の業績の回復の程度や、希望退職の募集による組織のスリム化による改善の程度等を分析し、解雇を回避できるシナリオを模索するという手段があります。

　その検討した結果を基に、解雇回避措置を実施し、それでも解雇を避けられない場合に、整理解雇に向けたさらなる検討をするということになります。

４．不採算部門の縮小や閉鎖をするような場合

　会社全体の業績が悪くはないとしても、不採算部門の閉鎖や縮小を行

うような場合もあります。このような場合は、不採算部門の人員を他部門に配転したり、他社に出向したりするなどして雇用を確保し、対象部門の人員の解雇回避をすることが典型的ですが、それだけでは、人員削減を避けられない場合には、閉鎖・縮小の対象となる不採算部門を対象にした希望退職の募集や退職勧奨をすることが一般的です。

　ただし、勤務地や職務が限定されているような従業員の場合には、ほかに配転・出向することを原則として命じることができません。その場合は、再就職支援を充実させることや、他の職務や勤務地において業務がある場合には事実上、異動の提案をするなどして、可能な範囲で解雇回避措置を講じることが丁寧な対応といえます（詳細は、**ケース18**参照）。

5．まとめ

　以上のように解雇回避努力は人員削減の必要性の程度に応じて、可能な限りの措置を講じることが求められます。解雇回避措置は手段が豊富ですが、そのときの使用者の置かれた状況（資金や時間の余裕）に応じて、可能な解雇回避措置を検討し、実施することが適切です。

☞ここが重要！

□解雇回避努力の種類

　✔経費削減、従業員の配転や出向、役員報酬の減額、従業員の賞与・賃金の減額、一時帰休（従業員を一時的に休業させ、賃金の支払いを抑えること）、希望退職の募集等が主な手段として挙げられる

□解雇回避努力の程度

　✔人員削減の必要性の程度に応じて、可能な解雇回避措置の方策についてシナリオを策定して比較検討する

解雇を行う前に、配転・出向を打診したところ、一部の従業員から拒否されました。この場合、当該従業員を対象に解雇を実施しても問題ないでしょうか。

トラブルポイント ▪▪▪▪▪▪▪▪▪▪▪▪▪▪▪▪▪▪▪▪▪▪▪▪▪▪▪▪

　配転・出向を拒否する従業員の解雇の可否

1．解雇回避努力としての配転・出向

　整理解雇の有効性を判断する4要素の一つが解雇回避努力であり、使用者には可能な限りの解雇回避努力が求められることとなります（ケース17参照）。

　この解雇回避努力の一つとして、従業員の配転や出向を行うことが一般的に挙げられています。配転や出向を解雇回避として行う場面としては、例えば、部門を閉鎖するなどしてもともと指示していた業務が消滅するなどの場合に他の業務への配転や他社への出向を検討することでその部門にいた従業員の雇用を維持し、解雇を回避するという事例が一般的です。

2．配転・出向を拒否された場合

　前記のとおり、配転・出向は従業員の解雇を回避するために行うことがありますが、中には配転や出向に応じないという従業員も一定数存在します。この場合には、配転や出向に応じた他の従業員との公平の観点から厳正に対処しなければなりませんが、配転や出向の義務との関係で、勤務地・職務の限定の合意（従業員が使用者との間で現在の勤務地や職務において勤務することを労働契約における特約としていることをいいます）の有無によって、対応を考える必要があります。

［ 1 ］勤務地・職務限定の合意がない場合

　勤務地や職務限定の合意がない場合には、従業員には使用者からの配転や出向命令に対して応じる義務が発生し、従業員がそれに応じないということになりますので、使用者は当該従業員に対して業務命令への違反として懲戒解雇を検討することが必要です。そして、このような配転や出向命令は、命じていた業務が消滅すること等に伴う解雇回避の目的でもありますので、業務上の必要性が認められやすく、命令に応じなかった従業員への解雇も認められやすい傾向にあります（川崎重工業事件　最高裁三小　平 4.10.20判決　労判618号 6 ページ、エフピコ事件　東京高裁　平12. 5.24判決　労判785号22ページ）。

　配転や出向の場合にはそれを命じられた従業員に種々の不利益が生じることになりますが、この不利益が通常甘受すべき程度の不利益であれば、命令が違法・無効となるわけではありません。ただし、不利益の緩和の措置（例えば、旅費の扶助等）を講じることは、解雇の有効性の判断において好意的に評価される事情でもありますので（帝国臓器製薬［単身赴任］事件　最高裁二小　平11. 9.17判決　労判768号16ページ）、配転や出向に際して不利益を緩和する措置を検討することは有益といえます。

［ 2 ］勤務地・職務限定の合意がある場合

　使用者と従業員との間で勤務地や職務限定の合意が存在する場合には、従業員が配転や出向命令に応じる義務はないことになりますが、使用者が従業員の解雇回避のために、他で勤務可能な配転先や出向先などを打診することは解雇回避努力として考慮されます。

　しかし、従業員がこの配転や出向の打診に応じないとしても、業務命令違反として従業員の懲戒解雇を行うことができないため、この場合には、使用者は整理解雇に向けて検討を進めることになります。

　通常、配転や出向が必要となるような部門や事業場の閉鎖の場合、勤

務地・職務限定の合意がなされている従業員については、人員として削減する必要性は存在すると思われ、人員削減の必要性の要素は認められると考えられます。また、他に配転や出向できない従業員を整理解雇の対象とすることは、人選としても恣意的ではないため人選の合理性の要素も認められると思われます。

そのため、使用者として配転や出向に代わる解雇回避措置（例えば、退職勧奨）を行っても、解雇を回避し得ず、解雇回避努力の要素も認められるということであれば、使用者は手続き的妥当性の要素を踏まえ、当該従業員に対し説明・協議をした上で、整理解雇を行うということが実務上妥当な進め方となります。

👉 ここが重要！

□勤務地・職務限定合意の有無

✔勤務地・職務限定の合意の有無によって、解雇に向けた考え方が異なるため、合意の有無を確認することが必要である

□勤務地・職務限定合意がない場合

✔勤務地・職務限定合意がなければ、使用者は従業員に対して配転や出向命令を行い、それに従業員が応じないという場合であれば懲戒解雇を検討する

✔使用者が従業員に対して配転や出向での不利益を緩和する措置を講じておくと、解雇の有効性の事情として評価される

□勤務地・職務限定合意がある場合

✔勤務地・職務限定合意があり、使用者が配転や出向の打診をしても拒否されるような場合には、従業員の整理解雇の検討を進める

ケース19 整理解雇を行う前に、必ず「希望退職募集」「退職勧奨」を行わなくてはなりませんか。

トラブルポイント ━━━━━━━━━━━━━━
★ 希望退職募集や退職勧奨を行わない整理解雇

1．「希望退職募集」「退職勧奨」の整理解雇における位置づけ

　希望退職募集や退職勧奨は、使用者が解雇を行うよりも前に、使用者が従業員に対して自発的に退職するよう働き掛けることをいい、いずれも使用者の解雇回避努力として考慮されるものです（不利益緩和措置として解雇回避努力とは異なるものと理解する説もありますが、いずれにせよ整理解雇の有効性において考慮されます）。

　希望退職募集は、整理解雇の回避や戦略的に人員を削減させる場合などに行われますが、使用者が、目標とする人数を削減するために、退職一時金の付加や転職支援サービスの提供などの退職の条件をパッケージとして提示し、従業員が自発的に退職するように誘導し、退職者を募集することをいいます[図表2－6]。

　退職勧奨は、個別の従業員に対して、退職するように促す働き掛けを

図表2－6　「希望退職募集」と「退職勧奨」の違い

区　分	希望退職募集	退職勧奨
共通点	• 解雇回避努力として考慮される	
内　容	• パッケージ化した退職条件を提示して広く従業員から退職者を募る	• 個別の従業員と協議し、退職条件を提示しつつ退職に誘導する
特　色	• 画一的対応 • 多数の退職者を募るときに最適	• 個別対応 • 少数の人員削減の際に最適

いい、整理解雇のような人員削減に限らず行われるもので、必ずしも上記のような退職条件を付加するものではありませんが、整理解雇の前にこれを行う場合であれば、上記のような退職条件を付加して退職へ誘導することが一般的です。

　いずれにしても、使用者が従業員に対して退職条件を提示して、退職へ誘導するもので、本質は同じものですが、その手法が広く従業員を対象として呼び掛けるのか、個別に呼び掛けるのかという点で異なるものです。希望退職募集は広く従業員に呼び掛けるため、画一的になりますが、退職勧奨のほうは個別協議を行うこともあり、希望退職と比べて柔軟な対応もしやすいものとなりますので、目標とする削減人数に応じて使い分けるとよいでしょう。

2. 「希望退職募集」「退職勧奨」を整理解雇前に行わなければ ならないか

　希望退職募集や退職勧奨は、整理解雇前の人員削減であれば、前記のように退職条件として一時金などを付加することが一般的ですが、経営上、会社の資金に余裕がなければこれらを実施することは難しい場合もあり得ますし、これを行ったために倒産するような事態になるのであれば本末転倒となってしまいます。

　これらの措置は、法律上義務づけられているものではなく、あくまで解雇回避努力として挙げられるものです。解雇回避努力は、使用者の置かれた状況下で取り得る手段を検討した上で行うものとなるため、経営上実施が不可能であることや、現実的に困難であるとの事情があるならば、解雇回避努力として必ずこれらを行わなければならないということにはなりません。

3. 留意点

　ただし、希望退職募集や、退職勧奨については、整理解雇の前に行わ

れることが一般的です。日本通信事件（東京地裁　平24. 2.29判決　労判1048号45ページ）において「解雇回避措置の一環として可能な限り本件退職勧奨の対象者を絞り込むとともに、金銭面で有利な退職条件を提示することができるよう、社会通念上相当と認められる程度の費用捻出策等を講じるべき義務を負っていた」と判断されているように、希望退職募集や退職勧奨によって極力不利益緩和を行うことが重視されます。そのため、使用者がこれらを行わないという場合には、解雇の有効性を裁判で争われた場合、どうして使用者がこれらを行わなかったのかが問われることになります。使用者が、これらの措置以外に解雇回避努力をできる限り行ったという事情や、希望退職募集や退職勧奨の実施が経営上困難であることを具体的に説明できなければ解雇回避努力が不十分であったと判断され、整理解雇が無効となる可能性が高まるといえます。

　例えば、使用者の経営状況から赤字が継続しており、半年後に倒産となる事態になるような場合では、希望退職募集のようにある程度の資金や時間のかかる手段を取ることは現実的に困難と思われますし、一部の従業員を対象にする退職勧奨を行うとしても、退職一時金を支給する余裕がない場合もありますので、このような事例であれば、希望退職募集や退職勧奨を行えないことの合理的な理由があるように思われます。ただし、通常、整理解雇前には従業員に対し、個別に説明・協議をすることが一般的ですので、退職条件の提示ができない状況下でも、会社の経営状況を説明した上で退職条件の提示をしない退職勧奨を行うということも手段としてあり得るところですし、その説明によって退職する従業員が全くいないとも限りません。そのため、そのような退職勧奨も一切行わずに、整理解雇を行うことは解雇回避努力や手続き的妥当性が不十分と判断される可能性があることに留意する必要があります。

　なお、希望退職募集や退職勧奨をする場合でも、その条件が不十分であったために人員削減の目標が達成できない場合には、同様に解雇回避努力も不十分であると判断される可能性もあるため、条件の設定の十分

性についても留意すべきでしょう。この点、学校法人大乗淑徳学園（大学教授ら・解雇）事件（東京地裁　令元. 5.23判決　労判1202号21ページ）では、規程上の退職金に12カ月分の賃金を退職加算金とした条件では不十分と判断する一方、新井鉄工所事件（東京高裁　平30.10.10判決　労経速2391号28ページ。上告不受理により確定）では、同じく12カ月分の賃金の退職加算金について解雇回避努力として十分と判断しており、事案によって評価も異なりますが、退職加算金の水準も争われることに留意する必要があります。

　また、希望退職募集や退職勧奨の際には、従業員の意思決定の過程で誤解が生じないよう、整理解雇を見据えているならば、その旨を明示した上でこれらの措置を行うことが適切です。というのも、整理解雇を行うことが明示されているか否かは意思決定において重要な要素となりますので、これが明示されておらずに、その後に整理解雇を行った場合には、解雇回避努力として不十分と判断されるおそれもあるためです。

👉 ここが重要！

□「希望退職募集」「退職勧奨」の重要性

- ✓ いずれも解雇回避努力として位置づけられる
- ✓ これらを行うことは理論上、必須ではないが、これらの手段を検討する必要があり、これらを行わない場合には、どうして行うことができないのか、行わないこととしたのかを説明できるようにしておくことが肝要である
- ✓ 退職条件の十分性の検討も必要である

ケース20 整理解雇に当たり、可能な限り再就職先を斡旋（あっせん）していますが、すべての従業員に斡旋することは難しい状況です。どこまで再就職先の斡旋をしなければならないのでしょうか。

トラブルポイント ■■■■■■■■■■■■■■■■■■■■■■

✴ 再就職先の斡旋の範囲

１．再就職先の斡旋とは

　再就職先の斡旋は、整理解雇の対象となる従業員に対して使用者が再就職先を提示すること等によって対象者の転職を支援することをいいます。これは、整理解雇の前に解雇回避措置あるいは不利益緩和措置として行うものですが、希望退職の募集や退職勧奨と同じく、整理解雇の4要素における「解雇回避努力」の要素として考慮されるものとなります。

　再就職先の斡旋としてよく行われるものとしては、グループ会社での就職先の紹介、近隣企業の就職先の紹介、再就職支援サービス（いわゆる「アウトプレースメント」）の提供が主なものとなり、これらを行うことは整理解雇の有効性を考慮する上で重視されます（学校法人大乗淑徳学園[大学教授ら・解雇]事件　東京地裁　令元. 5.23判決　労判1202号21ページ）。

２．すべての従業員に再就職先の斡旋を行うことができない場合

[１]再就職先確保の努力の程度

　上記のとおり、再就職先の斡旋は解雇回避努力の要素となりますので、整理解雇の対象となる従業員の全員に対して行うことが望ましいものと

いえます。

　しかし、再就職先を確保することは一般的に容易ではなく、使用者が再就職先を提示できるとしても、必ずしも対象となる従業員全員に行うことができるわけではありません。

　このような場合、使用者はどこまで整理解雇対象者の再就職先の確保に注力しなければならないのでしょうか。

　再就職先の斡旋は解雇回避努力の一つですが、解雇回避努力としては不可能なことまでをも求められるものではありません。したがって、使用者としては可能な限り再就職先を探す努力はするものの、結果的に解雇の対象となる従業員全員の再就職先を確保できないとしても、それが直ちに解雇回避努力を怠ったことになるわけではありません。

　ただし、前記学校法人大乗淑徳学園（大学教授ら・解雇）事件では、他大学から採用のオファーがあれば連絡するとしていたものの、他大学に採用の可否を問い合わせたにすぎず、また、他学部の教員公募状況の通知については、従業員らが自ら閲覧可能な求人ウェブサイトのURLを通知したものにすぎないとして、解雇回避努力として不十分と判断されています。この裁判例を踏まえると、再就職先の斡旋として、使用者が他社に求人状況の問い合わせをした程度では不十分と判断される可能性もありますので、再就職先の確保を解雇回避努力として行うのであれば、広く問い合わせを行ったり、取引先も含め積極的に再就職先を確保しようとしたりする努力を行うと解雇回避努力として考慮されやすいものといえます。

［2］再就職先確保と解雇回避努力

　再就職先を確保しようとしたものの、再就職先が確保できなかった従業員との関係では、解雇回避努力が十分ではないとして、解雇が無効となる可能性はあるでしょうか。

　この点については、再就職先の斡旋が唯一の解雇回避努力ではありま

せんので、解雇回避努力として、解雇に至るまでの希望退職の募集や配転・出向等の諸般の解雇回避措置の実施状況を総合考慮して評価されることとなります。そのため、使用者が再就職先の確保以外に解雇回避努力を行っていないということであれば、それを行わない合理的な理由（例えば、希望退職の募集等を行うにしても資力がなくてできない事情等）がない限り、解雇回避努力が不十分として解雇は無効となる可能性が高くなるでしょう。

　他方で、使用者が可能な範囲で再就職先の斡旋をすること以外にも、希望退職の募集等を行っていたことや、配転・出向などで極力解雇回避努力を行っていたような事情があれば、整理解雇の対象者全員に再就職先の斡旋ができないとしても解雇回避努力をできる限り行ったものとして考慮される事情になり得ます。

3．まとめ

　解雇回避努力には多様な方法がありますので、使用者は整理解雇の必要性の程度に照らしてできる限りの解雇回避努力を行うことが望ましく、そのうちの一つとして、対象者全員に対して再就職先の斡旋を行うことができると整理解雇の有効性において有利な事情となります。

　ただし、再就職先の斡旋にしてもその程度が十分か否かが問題となる場合や、対象者全員に対して再就職先の斡旋を行うことができない場合も当然にありますので、解雇回避努力としては再就職先の斡旋のみでは足りないことになるものと考えられます。使用者が解雇回避努力として可能な限りのことを行ったと説明できるように、再就職先の斡旋以外にも考え得る解雇回避努力を行うことが重要といえます。

☞ ここが重要！

□再就職先の斡旋

✔ 再就職先の斡旋は整理解雇の4要素のうち、解雇回避努力として考慮されるものとなるので、使用者はこれを行うことが望ましい

✔ ただし、整理解雇の対象となる全従業員に再就職先の斡旋を行えないとしても、やむを得ない事情もあるため、必ずしも整理解雇の対象となる全従業員に再就職先の斡旋をしなければならないものではない

✔ また、使用者として解雇回避努力をできる限り行うため、再就職先の斡旋以外にも解雇回避努力の手段を検討することが必要となる

❹ 人選の合理性

ケース21 整理解雇の対象者を「十分なパフォーマンスの発揮ができない者」「5年以内に定年となる者」「共働きの者・扶養家族がいない者・副業などの別収入を得ている者」「傷病により休職中の者」といった従業員に限定することはできますか。また、優先順位を設定しても問題ないでしょうか。

トラブルポイント ■■■■■■■■■■■■■■■

◆ 人選の基準の適切性

◆ 人選基準の運用の公正性

1．人選の合理性の考え方

　整理解雇の4要素のうちの一つが人選の合理性となっており、整理解雇の対象者の選定方法が合理的といえるかどうかが、整理解雇の有効性において考慮されることとなります。

　使用者が整理解雇をする必要があるとしても、被解雇者（解雇の対象となる従業員）の人選については、恣意的であってはならないため、①客観的で合理的な基準を設定し、②これを公正に適用して人選を行うことが人選として合理性のある事情として評価されるものとなります。例えば、「適格性の有無」という人選基準について、極めて抽象的なため評価者の主観によって左右されるものであり、客観性を担保できず、恣意的選定のおそれもあるため、人選基準について評価の対象期間、項目、方法など具体的な運用基準を設定して客観的に評価すべきと判示した事案があります（労働大学［本訴］事件　東京地裁　平14.12.17判決　労判846号49ページ）。

2．人選基準の具体的な検討

　この人選の合理性の担保のために、例えば、年齢、成績、勤怠等、客観的に合理的な人選の基準を設けた上でその基準に従った人選を行うことが一般的です。他方で、労働組合の組合員であることや性別を理由とした人選については不合理な人選に当たるため、この人選に基づく解雇が無効と判断される事情になります。

　それでは、

(1)十分なパフォーマンスの発揮ができない者
(2)5年以内に定年となる者
(3)共働きの者・扶養家族がいない者・副業などの別収入を得ている者
(4)傷病により休職中の者

を対象とする人選基準は合理的といえるでしょうか。

まず、(1)については、能力面を人選の基準とするものであり、それ自体は一般的に合理的なものといえますが、「十分なパフォーマンスの発揮ができない」という要件が多分に主観的な評価が入りますので、その基準の適用において恣意性が入る余地があり、否定的に評価される懸念もあります。そのため、基準自体を客観的な指標（例えば、「２期連続して評価がＣ以下の者」等とすること）によって選別できるようにしておくことが考えられます。もっとも、人事評価自体も主観に基づくものであり、人事評価の適正さも問題となり得るものですので、人事評価が定期的な評価か否か、評価が複数人により行われているか、評価がフィードバックされているか否かの諸要素により合理的かどうかも検討の上、人選基準とするか否かを決定するとよいでしょう。

　次に、(2)については、年齢による選別であり、合理性が一般的に否定されるものではありません。また、整理解雇によって会社を再建する場合のように、年齢の若い人を優先して残す必要がある具体的事情を説明できるならば、適切な基準といえるでしょう。

　(3)については、従業員の家族・収入状況から解雇によるダメージが低い従業員を対象とする基準といえるため、それ自体直ちに合理性が否定されるものではないと思われますが、他の従業員と公平性を欠くことにもなり、副次的な基準と考えるべきものといえます。

　(4)については、日本航空(パイロット等)事件（東京地裁　平24. 3.29判決　労判1055号58ページ）において「多数の労働者の中から解雇対象者を選定するにあたって、過去に休職・乗務制限等がなかった者を休職・乗務制限等があった者よりも相対的に優位に扱うことには合理性があるということができる」と判示されています。この判示が過去に休職していた者よりもそうでないものを優位に扱うことが合理的であるとしているのですから、現在、傷病によって勤務できない人を解雇の対象とする基準は合理性があるといえるでしょう。

3．人選基準の優先順位

　人選基準については、会社に裁量のあるところですので、優先順位を設けることも可能ですし、人選基準を並列的に検討するよりも優先順位をつけて選定するほうが選定しやすいといえます。また、横浜商銀信用組合事件（横浜地裁　平19.5.17判決　労判945号59ページ）は、年齢、職位、考課の複数要素を選定基準とすることについては不当ではないとしつつ、「何を重視し、どのような順序であてはめたかにつき検討し、評価しなければならない」と判示し、結論として同事案の選定基準の合理性を否定しているため、人選については複数の基準を列挙するのではなく、その重視する内容や優先順位を明示して当てはめることで合理的なものということができます。

　このことも踏まえると、会社として整理解雇後にどのような人材に残ってもらうべきか等重視する基準を検討し、優先順位をつけることがよいといえます。ただし、優先順位自体が不合理となってしまうと、人選基準の合理性に影響してしまう可能性もあるため、優先順位をつける場合にはどうしてその優先順位としているのかを説明できるようにしておくとよいでしょう。

　優先順位としては、例えば、(1)から順番に適用するということや、各人選基準を重要度に応じてポイント化し、合計数値で優先順位をつけることも考えられます。

4．人選基準の適用

　以上のように人選基準の優先順位まで設けた後に、その基準を適用して、人選を行うことになります。人選の合理性では、その基準の適用自体も恣意的ではなく公正に行う必要がありますので、基準を機械的に適用したものであることを示せるよう、各基準の優先順位づけによる選出結果を示せるようにしておくとよいでしょう。

　また、この適用の場面から翻って人選基準の設定を考えると、数値と

して算出できるような基準が機械的適用を行いやすく恣意性を排除できるため、人選基準を数値化できる基準とするほうが、合理的であると説明しやすいものとなります。

☞ ここが重要！

□人選基準の合理性
- ✔①客観的で合理的な基準を設定し、②これを公正に適用して人選を行うことが適切である
- ✔人選基準自体は、差別的・恣意的な基準では合理性が否定されるので注意する必要がある

□基準の適用
- ✔人選基準を公正に適用するため、基準の優先順位も意識し、機械的に基準を適用して選定したことを示せるようにするほうがよい

❺ 手続きの妥当性

ケース22 労基法の解雇予告に合わせて解雇実施の1カ月前に整理解雇の打診を従業員に個別に行いました。全員から承諾を得られたわけではないものの解雇を実施しましたが、手続きに問題はないのでしょうか。なお、当社に労働組合はありません。

トラブルポイント
整理解雇における手続きの妥当性

1. 整理解雇における手続きの妥当性とは

　整理解雇の4要素の一つが手続きの妥当性ですが、この手続きの妥当性を満たすためには何を行えばよいのかが問題となります。

　この点について、使用者は、従業員や労働組合に対して整理解雇の必要性とその時期・規模・方法について納得を得るために説明を行い、さらにそれらの者と誠意をもって協議すべき義務（労働組合との間に解雇協議約款が存在する場合には、それに基づく義務）を負うとされています（東亜外業事件　神戸地裁　平23.11.14決定　労判1042号29ページ）。

　この裁判例の判示するとおり、使用者は整理解雇に当たって、事前に誠意をもって説明・協議を行う必要があり、特に労働組合とは十分な協議を行うことが求められます。

　このように使用者には整理解雇を行うに当たって手続きの妥当性が求められることになり、4要素の一つである「手続きの妥当性」が認められない場合には、4要素説であっても整理解雇が無効となる余地もあります。

2. 従業員への説明・協議の内容

　従業員に対する説明・協議においては、会社が整理解雇をするに至る背景となる事情を説明し、その後に質疑応答や従業員の個別の面談を経て、従業員から整理解雇について理解を得られるよう努力をすることが基本的な対応となります。日本アグファ・ゲバルト事件（東京地裁　平17.10.28判決　労判909号90ページ）は、従業員に対し、会社の経営状況と再構築の必要性について説明していたほか、解雇の際にも、繰り返し売上高の減少や事業の売却・外注化に伴う業務の減少等を具体的に説明して早期退職の受け入れを求め、その後も特別退職加算金の支給のほか、再就職支援に要する費用相当額を含め、可能な限り退職金の加算などを提示していたことから、従業員の了解を得るため、相応の努力をしていた旨を判示しており、このような説明を繰り返し行うことが手続き的妥

当性として考慮される一例となります（ただし、他の要素が否定されており、結論として解雇は無効）。

　このように従業員からの理解を得る努力をしていたことが評価されるものですので、経営が赤字であって従業員を削減しなければならないという事情から整理解雇を行うのであれば、どうして赤字となっているのか、会社がこれまでどういう対応を取ってきたのか、今回、どうして整理解雇を実施せざるを得なくなったか、という内容を具体的な数字も交えつつ説明することがよいといえます。そして、その説明後に、従業員から質問を受け付ける期間を設け、質問に対する回答をするとともに、個別に従業員と面談し、各従業員の意向について確認する等して、整理解雇について理解を得られるよう説明・協議を尽くすことが適切です。

3．従業員への説明・協議の期間

　前記のような説明・協議の機会を確保する必要があることから、整理解雇までに十分な期間を確保するとともに、スケジュールを作成することが重要となります。

　この点、労基法上、解雇に当たっては原則として30日の解雇予告を行うことが定められています（同法20条1項）が、これはあくまで解雇予告としての期間であって、整理解雇において従業員に対して説明・協議を行う期間としては不十分といえるでしょう。前記のステップを踏むためには、30日では足りず、少なくとも2カ月程度を見込んでおくとよいでしょう（2カ月は最短で行う場合として想定されるものですが、期間を十分に確保して協議を手厚くできるならばそれに越したことはありません）。ただし、人員削減の緊急性の程度によっては2カ月では間に合わない場合もあり得ますので、状況に応じてスケジュールを策定し、短期間であっても説明・協議を尽くす努力を行うことが適切です。

4．従業員が同意していない場合の解雇

　整理解雇において従業員が同意することは必須ではありませんが、多数の従業員が整理解雇について納得を示している状況は、整理解雇における手続きとして適切に行ったと推認できる事情になりますので、従業員から同意や理解が得られるのであれば（通常は、整理解雇前の希望退職の募集や退職勧奨における合意がこれに当たるものとなります）、そのほうが整理解雇の有効性を高める事情になり得ます。

　本ケースは従業員が全員同意していないという場合ですが、協議の期間が30日しかないことを考慮すると、説明・協議のための期間としては不十分であることは否めず、同意を得られるよう説明・協議を尽くしたとは評価できないとされ、手続きが妥当でなく、解雇が無効となる可能性が高いと考えられるところです。また、全員が同意していないということは会社の説明に対して理解を得られていないこととなり、手続きの妥当性において否定的に評価され得るものとなります。

　整理解雇を喫緊に行わざるを得ないような緊急の必要性がない限りは、手続きを拙速に進めるのではなく、十分に余裕を持ったスケジュールを組んで実行することが適切といえます。

☞ここが重要！

□手続きの妥当性
　✓使用者は整理解雇に当たって、事前に誠意をもって説明・協議を行う必要がある

□説明・協議の内容
　✓会社が整理解雇をするに至る背景となる事情を説明し、その後に質疑応答や従業員の個別の面談を経て、従業員から整理解雇について理解を得られるよう努力をする

❻ 企業本体の閉鎖と事業所・部門・地域ごとの閉鎖

ケース23 業績悪化のため、ある事業所のみを対象とした解雇を実施したいと考えています。1事業所のみを対象とした解雇は認められますか。事業所が一つしかない会社で会社を解散する場合の解雇はどうでしょうか。

トラブルポイント
- 事業所閉鎖における解雇の必要性、解雇回避努力
- 会社解散の場合における手続き

1．1事業所のみの事業所閉鎖における留意点

　会社の1事業所を閉鎖する場合の解雇においては、会社自体は事業所閉鎖後も存続するものですので、整理解雇法理が適用されることになります。そのため、1事業所の閉鎖を対象とした解雇においても、整理解雇の4要素に従い有効性の検討がなされますが、1事業所のみを対象とした解雇が4要素を満たすかどうかによって解雇の有効性の判断が分かれることになります。

　1事業所の従業員のみを対象にした解雇を行うことも可能ですが、4

要素といえども一つの要素が欠ける場合には整理解雇の無効の可能性が高いものとなりますので、いずれの要素も満たすように検討を行う必要があります。この点、4要素のうち、「人員削減の必要性」や「手続きの妥当性」は他のケースにおいても共通する考え方となりますが、本ケースの場合には、1事業所の閉鎖という特殊性から、「解雇回避努力」（その事業所に勤務している人の解雇を回避するための方策の検討）や「人選の合理性」（例えば、その事業所の従業員全員の解雇が合理的か）の点が特に問題となります。以下のこの2点について検討してみます。

[1]解雇回避努力

　1事業所を対象とした解雇を想定するものとなりますので、その事業所に勤務している従業員の雇用を維持できるかどうかが問題となります。

　この点について、勤務地の限定のない正社員であれば原則として他の勤務地への異動を命令することもでき、また、関連企業等で出向先を確保できるならば、そこに出向させることも可能です。そして、会社においては、これらの措置によって雇用を維持できるか否かの検討を行うことが一般的に求められます（菅野和夫『労働法　第12版』[弘文堂] 794ページ）。

　他方で、勤務地が限定されている従業員の場合には、労働条件として一方的な異動を行うことはできないものの、当該従業員からの同意を取得すれば異動をさせることも可能です。そこで、他の事業所において当該従業員について異動させるポジションがあれば、その異動の提案を行うなど、解雇回避努力をできる限り行うことが望ましいものとなります。

　これらの検討の結果、異動を拒んだ従業員や、異動の対応ができない従業員の場合には、基本的に会社としてもはや雇用維持をすることができないとの判断になりますが、その場合であっても、退職勧奨を行うことにより解雇回避努力を尽くすことが適切といえます。なお、配転・出

向と解雇回避努力については、**ケース18**も参照されるとよいでしょう。

[2]人選の合理性

　本ケースは1事業所を閉鎖するものですので、会社全体ではなく、そこに勤務する人を整理解雇の対象とすることが合理的といえます。

　本ケースでの対応としては、解雇回避努力との関係で、異動可能な従業員を異動させ、異動に応じないあるいは異動できない従業員に対して退職勧奨を行った後、それでも残った従業員を対象とすることが合理的といえるでしょう。

2．会社解散の場合の特殊性

　会社解散の場合、会社を清算する必要があり、もはやその従業員の雇用を継続する基盤が存在しなくなりますので、その従業員を解雇する必要性が認められ、会社解散に伴う解雇は客観的に合理性を有し、原則的に有効となりますが、会社が従業員を解雇するに当たっての手続き的配慮を著しく欠き、会社が解散したことや解散に至る経緯等を考慮してもなお解雇することが著しく不合理であり、社会通念上相当として是認できない場合には、解雇権濫用により解雇が無効となるとされています（石川タクシー富士宮ほか事件　東京高裁　平26.6.12判決　労判1127号43ページ。上告不受理により確定）。

　会社解散の場合には、このように整理解雇法理が適用されずに原則として有効と判断されるものの、解雇に当たって手続き的配慮を欠くような場合に解雇が無効となるという判断がなされる傾向にあります。

　本ケースが会社解散となる場合には、手続き的配慮として、整理解雇法理に照らして解雇回避の努力や手続きの妥当性の要素を考慮し、希望退職の募集、退職勧奨や、それに伴う従業員に対する説明・協議を行うことが解雇を行う上で重要な対応となります。

☞ ここが重要！

☐ **1事業所の閉鎖においても整理解雇の4要素に照らした検討が必要となる**

　✔ 特に解雇回避努力として異動や退職勧奨を検討し、人選としてはその事業所を対象に検討することとなる

☐ **会社解散の場合**

　✔ 会社解散の場合には、手続き的配慮として希望退職の募集や退職勧奨などの解雇回避努力を行うとともに、従業員を対象に説明・協議を行うことが重要となる

ケース24　市場の急激な縮小のため主力事業から撤退し、残った不動産経営のみを会社として行うこととしました。しかし、会社は家族経営で行ってきており、不動産経営は現在の役員のみで対応してきました。従業員は必要なくなったのですが、全員を解雇しても問題ないのでしょうか。

トラブルポイント ▪▪▪▪▪▪▪▪▪▪▪▪▪▪▪▪▪▪▪▪▪▪▪▪▪

★ 主力事業からの撤退後も会社を継続する場合の解雇

1．主力事業から撤退する場合

　本ケースのように、会社が主力事業から撤退することに伴い、従業員全員を解雇する場合、実質的には会社の解散に近いこともありますが、どのように考えるべきでしょうか。主力事業からの撤退とはいえ、会社自体は存続し、不動産経営の事業を継続することからすると、整理解雇

の４要素に従った検討が必要となり、実際に同種事案においてもそのように判断されています（新井鉄工所事件　東京高裁　平30.10.10判決　労経速2391号28ページ。上告不受理により確定）。

２．人員削減の必要性

　本ケースにおいて、会社は主力事業から撤退することとなりますが、もともと、主力事業のために従業員を雇用してきており、不動産経営については関わってこなかった事情からすると、主力事業を担当してきた従業員は必要ではなくなり、かつ、不動産経営の業務を任せる必要性もないため、主力事業から撤退するとの決断だけでも人員を削減する必要性があるといえそうです。

　この点、会社において事業の廃止を決定する自由がありますが、整理解雇との関係で、事業廃止自体の合理性の有無も問題となります（三陸ハーネス事件〔仙台地裁　平17.12.15決定　労判915号152ページ〕では、会社解散の事案であるものの事業廃止の合理性の存在が解雇の有効性で考慮されており、また、前記新井鉄工所事件においても、その経営判断の妥当性について検討されています）。

　この事業廃止の合理性が否定されるような場合、事業を廃止するとしても人員削減の必要性自体が否定され、整理解雇が無効となり得るため、主力事業からの撤退について合理的な理由（例えば、経営上不採算であることや、工場の老朽化など）を説明できるようにしておく必要があり、主力事業からの撤退ということだけで人員削減の必要性が認められるものではないことに留意する必要があります。

３．解雇回避努力・人選の合理性・手続きの妥当性

　本ケースにおいては、主力事業から撤退し、不動産経営においても従業員が不要になることから、全員の解雇となります。そのため、人選の合理性は問題とはならず、解雇回避努力や整理解雇に至る手続きが重要

となります。

　ただし、事業の廃止である以上、解雇回避努力としては経営上の解雇回避努力のほかは、整理解雇直前にあっては希望退職の募集あるいは退職勧奨による合意退職を行うこと以外有力な選択肢がないことが通常です。前記新井鉄工所事件においても、配転先がないことも認定された上、廃止した事業に携わっていた労働者の解雇に当たって、「会社都合退職金に加えて1年分の年収に相当する特別退職金を支払い、再就職支援サービスの利用料を無期限で会社負担とするなどの条件で希望退職を募ったこと、希望退職に応じなかった原告（筆者注：従業員。以下同じ）らに対しては、油井管製造事業を終了した後においても、組合との団体交渉を行っていた期間中は事業撤退前と同額の賃金を支払っていることなど」を解雇回避努力として肯定しました。

　そのため、基本的には、整理解雇に至る前に新井鉄工所事件に見られるような措置を行うことが解雇回避努力として重要となり、これを行わない場合には、どうして行うことができないのかといった合理的な理由を説明できないと解雇回避措置として不十分と判断される可能性があります。

　そして、希望退職の募集や退職勧奨を行うに至る前に、当然、従業員に対して主力事業から撤退することになった経緯等について説明するとともに、従業員からの質問等に回答するなどして整理解雇のために手続き的配慮を尽くす必要があります。この点についても新井鉄工所事件は、主力事業からの撤退決定後、「21回にわたって原告らの所属する組合と団体交渉を行い、事業撤退に至る経緯について、組合の求める資料の開示に応じながら説明を重ねてきたものであり、交渉経過をみてもその交渉態度に不誠実な点は見当たら」ないことや、「全従業員に対する希望退職募集を開始した時期も含めて、原告らに対する説明等が不相当であった」とは認められないとして、手続きの妥当性も肯定しています。

4．まとめ

　以上から、本ケースのような整理解雇においては、人員削減の必要性、解雇回避努力、手続きの妥当性の点を主に検討することとなり、これらの要素から逆算して整理解雇に向けたステップを検討することが重要です。

　まずは、人員削減の必要性が整理解雇における重要な点となりますので、事業を廃止する理由について説明できるよう用意をしておくこととなります。

　その上で、従業員への説明をするための準備を行うこととなります。例えば、従業員への説明会を行うならば、そのためのスケジュールの策定が必要となりますし、従業員に対して説明する内容や予想される質問への回答の準備も行うこととなります。

　そして、解雇回避努力として、希望退職の募集や退職勧奨を行うことが想定されますが、そのための準備を行うことも必要不可欠となります。

　これらを行っても従業員が退職しないという場合には、いよいよ整理解雇を行わざるを得なくなるため、その段階で整理解雇の最終的な判断をすべきでしょう。

　以上が想定される整理解雇に向けたステップ（具体的な進め方については、**ケース25**参照）ですが、これらの検討を一切行わずに、整理解雇を実施する場合には、整理解雇が無効となることに留意する必要があります。

☞ ここが重要！

□事業廃止の合理性

　✔事業を廃止すること自体から当然に人員削減の必要性が認められるとは限らず、事業廃止の合理性が求められることもあるため、事業廃止の合理性について説明できるかの検討が必要となる

□**解雇回避努力や手続きの妥当性**

✓ 事業を廃止するものであるとしても解雇回避努力や手続きの妥当性をおろそかにできないので、これらも踏まえて整理解雇に向けたステップを検討することが重要である

❼ 従業員、労働組合への説明と協議の方法等

ケース25　整理解雇はどのような手順で行うとよいのでしょうか。

トラブルポイント ■■■■■■■■■■■■■■■■■■
✷ 整理解雇における手続きの軽視

1．整理解雇における手続き的妥当性

　使用者は、従業員や労働組合に対して整理解雇の必要性とその時期・規模・方法について納得を得るために説明を行い、さらにそれらの者と誠意をもって協議すべき義務（労働組合との間に解雇協議約款が存在する場合には、それに基づく義務）を負うとされています（東亜外業事件　神戸地裁　平23.11.14決定　労判1042号29ページ）。

　このように、使用者は整理解雇に当たって、事前に誠意をもって説明・協議を行う必要があり、特に労働組合に対しては十分な協議を行うことが求められます。労働組合が存在する場合の手続きについては主に**ケース26**において説明します。このような説明の手続きを怠ったことにより解雇が無効になった例もあります（解雇の理由について説明せず突如解

雇したこと等から説明・協議が不十分と判断された事案として、ザ・キザン・ヒロ事件　東京高裁　平25.11.13判決　労判1090号68ページ)。

　このように使用者には手続きの妥当性が求められるため、整理解雇の実施前に十分な説明・協議の期間を確保して臨むなど、整理解雇に向けたスケジュールを策定して整理解雇を進めることが一般的であり、重要なものとなります。

2．スケジュールの重要性

　整理解雇における手続きの妥当性の確保のため、解雇実施前に十分な説明・協議を行うことが必要であり、これをスケジュールの策定もなく行ってしまうと、その時々の状況の変化への対応が後手になってしまい、本来予定していた人員を削減すべき期限までに十分な説明を行うことができないまま、解雇を行うことにもなりかねず、結果的に解雇が無効となる可能性も生じます。

　このため、スケジュールを作成しておくことが整理解雇の検討の上で重要なものとなります。

3．スケジュールで予定しておくべき事項

　スケジュールで予定しておくべき大きな項目としては、以下の4点が挙げられます。

①従業員への説明会の実施
②従業員への説明会後の個別面談
③希望退職の募集
④整理解雇実施予定日

[1]「①従業員への説明会の実施」について

　整理解雇による人員削減を計画する場合、従業員全体への説明会に

よって従業員への最初の説明の機会とすることが一般的です。

　従業員への説明会に向けては説明のための資料や想定される質問に対する回答の準備を行う必要もありますので、これもスケジュールで準備期間を想定しておくとよいでしょう。

[2]「②従業員への説明会後の個別面談」について

　従業員への説明会後、各従業員と個別に面談を行い、勤務に対する意向の確認や不安の解消を行います。また、この機会に各従業員と質疑応答を重ねることにより、従業員に対し個別に説明を尽くすことが整理解雇の手続きとしても重要になります。

　さらに、個別面談以外においても随時質疑応答を受け付けるなどしておくことも説明を尽くす上で重要なものとなります。

　この①②の期間については、従業員数にもよりますが、少なくとも2週間から1カ月ほどを見込んでおくとよいでしょう。

[3]「③希望退職の募集」について

　整理解雇の実施前に解雇回避措置として希望退職を行うことが一般的ですが、これもスケジュールに組み込む必要があります。その際には、募集要項の発表の時期、募集の実施期間も定めておく必要があります。希望退職の募集は人数規模によってもさまざまですので、整理解雇の実施までの間でどの程度の期間とするか決めておくとよいでしょう。

　また、希望退職が予定した人数に満たない場合には2次募集という形でさらに希望退職の募集を続けることや、退職勧奨を行うこともありますので、それらもスケジュールの変更の可能性として考慮しておく必要があります。

[4]「④整理解雇実施予定日」について

　整理解雇を行う場合、人員削減の必要性があるから行うものですので、

経営上、人員をいつまでに削減しなければならないのか、ということも想定しておく必要があります。また、従業員への説明としても整理解雇を予定しているならば、最初からその可能性があることを説明しておく必要もあります。というのも、最初から整理解雇が想定されているのといないのとでは、従業員の希望退職に応募する真剣度も異なりますし、会社の説明として不十分ということになってしまいます。また、希望退職が予定した人数に満たない場合に備えて整理解雇の実施の時期も決めておき、予定が後ろにずれ続けることがないようにしておく意味でも、予定時期を定めておくことが肝要です。

[5]その他

希望退職の募集や整理解雇などの人員削減の際に、プレスリリースを行う例もあります。会社としてプレスリリースを行う場合であれば、プレスリリースをする時期もスケジュールに入れておくとよいでしょう。

また、一つの事業所において、1カ月以内の期間に、30人以上の離職者の発生が見込まれるときには、「大量雇用変動届」をハローワークに提出する必要があります（労働施策総合推進法27条）ので、これに該当する場合には行政手続きが必要になることを念頭に置いておくとよいでしょう。

[6]まとめ

以上を踏まえたスケジュールの一例としては、次ページのようなものが想定されます。もちろん、会社の規模や業種等によって進め方は異なりますので、会社の状況に合わせたスケジュールを策定する必要があります。

日程	実施項目
～7/31	従業員説明会用の資料の準備 想定問答の作成 整理解雇の場合の対応策の検討
8/1	従業員説明会実施
～8/15	従業員個別面談の実施 随時従業員から質問を受け付け
8/16	希望退職の募集
8/31	希望退職の募集終了 【解雇予告をする場合】 対象者に対する解雇予告通知実施
9/1	希望退職の第2次募集または退職勧奨の実施
9/30	目標達成のための整理解雇実施

☞ ここが重要！

□整理解雇の手続き

✔整理解雇において説明を尽くさないと解雇が無効になってしまうため、説明を尽くすことが重要である

□スケジュールの重要性

✔手続きを適切に行うためにも、従業員への説明・協議を考慮に入れたスケジュールを策定することが整理解雇をする上で重要である

社内に労働組合がありますが、整理解雇を行うに当たり、事前に労働組合と協議しなければなりませんか。また、労働組合から整理解雇への同意を得なければならないのでしょうか。

トラブルポイント ■■■■■■■■■■■■■■■■■■■■■■■■■

労働組合への説明・協議の対応と同意の取得の要否

1. 労働組合との協議・同意

整理解雇における手続きの妥当性として、労働組合が存在する場合には、従業員に対する説明に加えて、労働組合とも協議を行うことが必要となります（東亜外業事件　神戸地裁　平23.11.14決定　労判1042号29ページ）。

ただし、労働組合から整理解雇について同意を得なければならないかというと、労働組合と締結している労働協約の内容によります。労働組合と使用者が労働協約を締結していることはよくあります。その労働協約の中には、解雇に関する条項も定められていることが見受けられます。

この解雇に関する条項としては、例えば、事前協議条項として、解雇を行う前に労働組合と事前に協議することを使用者に義務づけるものがあります。このような条項の場合には、解雇について労働組合の同意が必要という定めではないので、労働組合と事前に協議をすれば労働協約の違反には該当せず、整理解雇が無効になることにもなりません。

ただし、労働協約の中には解雇を行うに当たり、労働組合の同意を必要とする条項が設けられていることがあります。この場合、労働協約として使用者が同意をしている以上、その労働組合の組合員を解雇するに当たって労働組合からの同意がなければ、労働協約の違反により解雇は

原則として無効となってしまいます（ロイヤル・インシュアランス・パブリック・リミテッド・カンパニー事件　東京地裁　平8.7.31決定　労判712号85ページ）。そのため、会社がこのような労働協約を結んでいた場合には、整理解雇を行う前に労働組合から解雇についての同意を得ることが原則として必要となります。もっとも、池貝鉄工事件最高裁判決（最高裁一小　昭29.1.21判決　民集8巻1号123ページ）では会社が労働組合と解雇等について協議決定するとの条項のある労働協約を締結していた事案において、当該条項は、いかなる場合においても常に会社が一方的に経営上の措置を取ることを許さないものとする趣旨ではなく、でき得る限り会社と労働組合の理解と納得の上に事を運ばせようとする趣旨を定めたものと解し、「少くともある経営上の措置が会社にとつて必要やむを得ないものであり、且これについて組合の了解を得るために会社として尽すべき処置を講じたにも拘わらず、組合の了解を得るに至らなかつたような場合において会社が一方的にその経営措置を実施することを妨ぐるものではない」とし、必ずしも同意がなければ解雇できないわけではない旨を判断しました。

　このように労働協約の内容によって対応方針が左右されるため、労働組合が存在する場合には、まず、労働協約の内容を確認しておくことが必要です。同意条項が付された労働協約を締結していた場合、労働組合の理解を得るべく、説明を尽くすことが重要といえます。

　なお、使用者が労働組合と労働協約を結んでいない場合でも、労働組合と整理解雇前に協議をして説明を尽くすことは、手続きの妥当性として重要な点であるため、いずれにせよ労働組合との十分な協議は必要となります。

2．労働組合との協議

　労働組合との協議においても従業員の場合の手続きと同じく、整理解雇に当たってのスケジュールを策定しておくことが基本となります。そ

して、労働組合を相手とする協議においては、不誠実団交による団体交渉拒否の不当労働行為（労組法7条2号）に該当しないよう、労働組合に対して必要な説明や資料の提供を行うことによって説明を尽くして団体交渉を行うことが重要です。

　また、このように誠実に協議を行わなければならないことから、労働組合とは十分な協議期間を確保しておく必要もあります。この協議期間としては、非組合員との協議期間よりも長い期間（解雇に至る事情や削減人数等を含めて検討する必要もありますが、少なくとも3カ月程度）を確保しておくとよいでしょう。

　この場合のスケジュールの一例としては、以下のようなものが想定されます。

日程	非組合員	労働組合
～7/31	説明会用の資料の準備 想定問答の作成 整理解雇の場合の対応策の検討	
8/1	説明会実施	
～10/31	従業員個別面談の実施 随時従業員から質問を受け付け	労働組合との団体交渉
11/1	希望退職の募集 【労働組合から了承を得られない場合は労働組合員を対象から除く】	
11/31	希望退職の募集終了 【解雇予告をする場合】 対象者に対する解雇予告通知実施	
12/1	希望退職の第2次募集または退職勧奨の実施	
12/31	目標達成のための整理解雇実施	

3．同意条項がある場合の対応

　労働協約において解雇の同意条項がある場合には、その協約が存在する限り労働組合の同意を得なければ解雇が無効になるリスクを負うことになります。そして、労働組合から解雇に対する同意を得ることは難しいことが往々にしてあります。

　このような場合に、同意を得ない限り解雇ができないということになってしまうと、現実的ではありません。この状況を打開するためには、その労働協約の有効期間満了による協約の失効を待つか、期間の定めがない労働協約であれば90日前に予告することにより解約する（労組法15条3項・4項）ことによって労働協約を失効させ、労働組合から同意を得ずに解雇をすることになります。

　ただし、労働協約の解約についても労組法上定められている手続きではありますが、その解約のために労働組合と協議を行わなければ、不当労働行為（同法7条3号）として労働協約の解約が無効になる可能性があり、ひいては労働協約の解約を前提とした解雇自体も無効になってしまいます。そのため、整理解雇の同意を得られるよう説明の努力をした上で、それでも労働組合から解雇の同意が得られない場合に、労働協約を解約するとの対応を取ることが現実的といえます。

☞ ここが重要！

□解雇協議条項か解雇同意条項か
- ✔労働協約に解雇協議条項がある場合には、労働組合と協議を行わなければならない
- ✔労働協約に解雇同意条項がある場合には、労働組合の同意が必要となる

□労働組合との協議
- ✔労働組合とは協議期間を十分に確保した上で、誠実に団体交渉を行う必要がある

□解雇同意条項の存在する場合
- ✔解雇に対する同意が得られない場合、労働組合と協議を重ねてから労働協約の解約を行うことを検討する

ケース27 希望退職の応募がなかなか目標に達しないため、募集条件の引き上げを検討していますが、問題ないのでしょうか。

トラブルポイント
希望退職の募集条件の引き上げ

1．希望退職の募集とは

希望退職の募集は、法的には、使用者による労働契約の合意解約の申し込みに当たります。使用者は、労働者からの自発的な退職を誘引するため、一定の優遇措置を伴った募集条件（退職条件）の提示を行います。そして、労働者の応募（＝退職の申し込み）に対して、使用者がそれを承諾することで、その退職条件に従った退職の合意（労働契約の合意解約）が成立することになります（ただし、労働者からの退職の申し込みによって自動的に退職として承認する制度設計となっている場合には、労働者からの申し込み時点で合意が成立することになります）。これを図示すると、[**図表2－7**]のようになります。

[**図表2－7**]のように、一般的には、③の段階で使用者の提示した希望退職条件での合意退職が成立することになり、これ以後は、使用者か

図表2－7　希望退職の募集とは

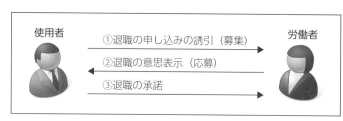

らも労働者からも相手方の同意なくその意思表示を撤回することができなくなります。

２．２次募集、３次募集の可否

　希望退職の募集を行ったとしても、希望退職の条件やその時々の状況によって目標としていた人数に達しないことが往々にしてあります。その際には、整理解雇となることを避けるために、再度希望退職の募集を行い、それでも目標に達しなければ３次募集を行うこともあります。

　この時、基本的には１次募集と同じ条件で希望退職の募集を続けますが、同じ条件ではなかなか目標人数の達成が難しいことから、希望退職の条件の引き上げを検討することもあります。このような希望退職の条件の引き上げについては、使用者が希望退職の募集内容を自由に設定できることから、２次、３次の募集で希望退職の条件を順次引き上げることも可能です。

　ただし、希望退職の条件を順次引き上げると、労働者の立場からすると、今後さらに良い条件が提示されることを期待して、２次募集や３次募集に応募しないということも十分にあり得、期待された効果を上げられない可能性があります。さらに、条件の引き上げを行うと、その分、使用者の支払う退職加算金も増加することになるため、希望退職募集の条件の引き上げは慎重に検討すべきです。

３．労働者からの不平等との主張があった場合の対応

　また、２次・３次募集を行う際に募集条件を引き上げる場合には、１次募集に応募して合意退職が成立した労働者から不平等と述べられることもあります。

　この点、住友金属工業(退職金)事件（大阪地裁　平12.4.19判決　労判785号38ページ）は、１次募集時の条件に加えて、退職日より所定退職日までの残年数１年当たり50万円を、500万円を上限として加算支給する等

の条件を加えて募集した事案ですが、「退職金に対する加算金は、退職勧奨（筆者注：希望退職の募集の意）に応じる対価であるから、退職を勧奨する必要性の度合いにより、その時期や所属部所によって、その支給額が変わっても、基本的には応諾は労働者の自由な意思によるものでもあり、平等原則に違反するとはいえない」と判断されています。そのため、原則としては、1次募集と2次募集で条件が異なったとしても、平等原則に反するものではないということになります。

上記住友金属工業（退職金）事件では1次募集と2次募集で相当な条件の差が認められますが、多人数の希望退職を行う必要もあったためか、平等原則に反しないと判断されています。

ただし、この差について一般化できるわけではなく、また前記**2.**において述べたように1次募集と2次募集で差を設けたとしても目標を達成できるとは限らない事情もあるため、差を設けないよう1次募集の段階から慎重に検討しておくことが望ましいでしょう。さらに、1次募集で目標を達成できない場合に2次募集を行うとしても、条件の引き上げの方法によるのではなく、個別面談等により希望退職に応募させるよう説得を尽くすなどしておくことが重要と思われます。

☞ ここが重要！

□**希望退職募集の意義**
  ✔希望退職への応募に対して、使用者が承諾することで合意が成立する

□**1次募集から2次募集、3次募集で差を設けること**
  ✔募集条件に差を設けることも原則として可能であるが、差を設けることで目標を達成できるとは限らないため、1次募集で目標が達成できるような条件を提示することが望ましい

4 懲戒解雇

1 根拠規定（規定以外の解雇相当事由など）

ケース28 就業規則の懲戒解雇規定にある事項以外の会社として許容できない非違行為をした社員に対し、懲戒解雇をすることはできるのでしょうか。

トラブルポイント
✳ 懲戒解雇事由の種類と就業規則上の規定の必要性
✳ 懲戒解雇事由に記載がない場合の懲戒の可否

1. 懲戒事由の明示の必要性

　一般的に、懲戒処分とは、広く企業秩序を維持し、もって企業の円滑な運営を図るために、その雇用する労働者の企業秩序違反行為を理由として、当該労働者に対し科す一種の制裁罰であるとされています（関西電力事件　最高裁一小　昭58. 9. 8判決　労判415号29ページ）。

　そして、「使用者が労働者を懲戒するには、あらかじめ就業規則において懲戒の種別及び事由を定めておくことを要する」（フジ興産事件　最高裁二小　平15.10.10判決　労判861号 5 ページ）とされるなど、懲戒処分を行うためには、あらかじめ就業規則にその事由を列挙しておくことが必要不可欠となります。そのため、懲戒処分の一つである諭旨解雇または懲戒解雇に関しても、その対象たる行為（解雇事由）を就業規則上、列挙しておくことが必要になります。

　したがって、本ケースにおいては、「就業規則の懲戒解雇規定にある事

項以外の会社として許容できない非違行為」とあり、就業規則における懲戒解雇事由に列挙されていないことがうかがわれますので、基本的には懲戒解雇をすることはできないという帰結になります。

2．懲戒事由の具体例

　なお、実務上は、諭旨解雇または懲戒解雇の事由について、懲戒処分全体の事由として定める場合もあれば、諭旨解雇または懲戒解雇それぞれの事由として定める場合もあり、さらに、各企業の特色に合わせた事由を定める場合も多く、その内容はさまざまなものがあります。そのため、一般論的なものとして、諭旨解雇または懲戒解雇の事由として限定した場合の一例として挙げると、[**図表2－8**]のような事由が考えられます。

　この点に関し、懲戒事由については、就業規則上明記することが必要ですので、普通解雇事由同様、できるだけ広く解雇事由をカバーできるようにしておくべく、「その他前各号に準ずる不適切な行為があったとき。」などといった包括条項を入れることが肝要となります。これを入れておくことにより、本ケースのように、直接的に就業規則の懲戒解雇規定に明記されていないような非違行為があったとしても、他の類似した懲戒解雇事由やその他服務規律等を踏まえつつ、懲戒解雇をする余地が残されます。

👉ここが重要！

□懲戒処分としての解雇（諭旨解雇、懲戒解雇）についても、普通解雇事由同様、就業規則上、できるだけカバー範囲が広くなるよう解雇事由を定義しておくとよい

図表 2 − 8　　就業規則例（諭旨解雇および懲戒解雇の事由例）

第○条（諭旨解雇及び懲戒解雇）

　従業員が次のいずれかに該当するときは、諭旨解雇又は懲戒解雇とする。ただし、平素の服務態度その他情状によっては、第○条に定める譴責、減給、出勤停止又は降格処分とすることがある。

①重要な経歴を詐称して雇用されたとき。

②正当な理由なく無断欠勤が14日以上に及び、出勤の督促に応じなかったとき。

③正当な理由なく無断でしばしば遅刻、早退又は欠勤を繰り返し、再三の注意を受けても改めないとき。

④正当な理由なく、しばしば業務上の指示・命令に従わなかったとき。

⑤故意又は重大な過失により会社に重大な損害を与えたとき。

⑥会社の金品を盗み、又は横領する等不正行為に及んだとき。

⑦会社内で暴行、脅迫、傷害、暴言又はこれに類する行為をしたとき。

⑧素行不良で著しく社内の秩序又は風紀を乱したとき（ハラスメント行為を含む。）。

⑨第○条【服務規律】に違反し、その情状が悪質と認められるとき。

⑩職務上の地位を利用して私利を図り、又は取引先等より不当な金品を受け、若しくは求め若しくは供応を受けたとき。

⑪正当な理由なく会社の業務上重要な秘密を外部に漏洩して会社に損害を与え、又は業務の正常な運営を阻害したとき。

⑫私生活上の非違行為や会社に対する正当な理由のない誹謗中傷等であって、会社の名誉信用を損ない、業務に重大な悪影響を及ぼす行為をしたとき。

⑬刑法その他刑罰法規の各規定に違反する行為をし、その犯罪事実が明らかとなったとき（当該行為が軽微な違反である場合を除く。）。

⑭第○条【軽微な懲戒処分の事由】の懲戒を受けたにもかかわらず、同様の非違行為をしたとき。

⑮第○条【軽微な懲戒処分の事由】の懲戒事由により重大な結果が生じたとき。

⑯この規則及び諸規程の違反を繰り返したとき。

⑰その他前各号に準ずる不適切な行為があったとき。

2 懲戒処分の手続き

❶懲戒処分前の自宅待機命令の可否

ケース29 横領の疑いのある従業員に対し、そのまま業務をさせておくことはできないので、無給で自宅待機を命じたいのですが、可能でしょうか。

トラブルポイント ■ ■ ■ ■ ■ ■ ■ ■ ■ ■ ■ ■ ■ ■

* 懲戒処分前の自宅待機命令
* 自宅待機命令が可能な場合の賃金の支払い

1．懲戒処分前の自宅待機命令の可否

懲戒処分は、前述のとおり、企業秩序違反行為を理由に当該労働者に科す制裁罰ですが、その懲戒処分前の調査や審議には一定の時間がかかることも多いでしょう。そして、本ケースのように横領の疑いがあるような場合やその他懲戒事由の調査をする場合、使用者側としては、被害がこれ以上増えることを防止する意味でも、証拠隠蔽や被害者への接触の可能性を回避する意味でも、出社させず自宅待機としておきたい事案は多く見られるところです。

この場合、使用者は、賃金を支払う限りにおいては、その裁量の範囲内で（権利濫用とならない範囲で）業務命令として自宅待機命令を行うことができます。そして、この業務命令に関しては、労働者に就労請求権がないため、就業規則上の明示的な根拠は不要とされています（中央公論社事件　東京地裁　昭54. 3.30判決　判時935号113ページ）。通常、懲戒処分前の自宅待機命令であれば、ある程度、自宅待機を命じる業務上の必要性がある場合が多いので、権利濫用と判断される可能性は低い

といえます。

　ただし、基本的には、自宅待機はあくまで懲戒処分の判断をするまでの期間にとどまる以上、調査や審議期間が不要に長くなれば、そのような長期間の自宅待機命令は、権利濫用と判断されることになります。一般論としては、懲戒解雇のように重大かつより慎重に検討すべき事案については、ある程度の期間（例えば、ケースによりますが2週間や1カ月程度）自宅待機となったとしても、直ちに自宅待機命令が権利濫用となることはありません。一方で、軽微かつ簡単な事案については、できる限り短期間で調査、審議を終え、時には数日レベルの自宅待機期間にとどめることが要請されるでしょう。

2．自宅待機期間中の賃金支給の要否

　では、賃金を支払わずに（無給で）、自宅待機命令を行うことはできるでしょうか。

　この点、使用者が自宅待機命令を行うのは、当該調査・審議を実施する上で自宅待機の必要性があると使用者が考えるためであり、使用者側の事情となります。このように使用者側の事情で自宅待機をさせる以上、100％の支給が原則となります（労基法26条の休業手当で60％支給すれば足りるというわけではありません）。

　裁判例上も、「自宅謹慎は、それ自体として懲戒的性質を有するものではなく、当面の職場秩序維持の観点から執られる一種の職務命令とみるべきものであるから、使用者は当然にその間の賃金支払い義務を免れるものではない」として、原則として無給による自宅待機を否定しています（日通名古屋製鉄作業事件　名古屋地裁　平3. 7.22判決　労判608号59ページ）。

　もっとも、上記の裁判例では一部例外として無給による自宅待機の可能性も認めており、「使用者が右支払義務を免れるためには、当該労働者を就労させないことにつき、不正行為の再発、証拠湮滅のおそれなどの

緊急かつ合理的な理由が存するか又はこれを実質的な出勤停止処分に転化させる懲戒規定上の根拠が存在することを要する」と判示しています。つまり、自宅待機中の給与を無給とするためには、①不正行為の再発、証拠隠滅のおそれなどの緊急かつ合理的な理由の存在、または、②実質的な出勤停止処分に転化させる懲戒規程上の根拠の存在、が必要となります。もっとも、①のケースにおいて、実際に不正行為の再発や証拠隠滅のおそれがあると立証することはかなり難しいので、実務上、無給となるケースは極めて限定的な場面に限られるでしょう。

　以上を踏まえると、本ケースにおいては、横領の疑いで自宅待機とすること自体は、業務命令として行うことは可能と思われますが、その際に無給とするためには、不正行為の再発、証拠隠滅のおそれなどがある程度顕在化するような状況にあった場合に限られ、一般的には、無給ではなく有給の形で対応するのが適切であると考えます。

☞ここが重要！

□懲戒処分前に自宅待機させること自体は、業務上の必要性が認められる限り、原則として業務命令として行うことが可能である

□自宅待機命令は有給が原則であり、無給で行うためには以下の要件を満たす必要があり、慎重に検討する必要がある

　✓不正行為の再発、証拠隠滅のおそれなどの緊急かつ合理的な理由の存在

　✓実質的な出勤停止処分に転化させる懲戒規程上の根拠の存在

❷賞罰委員会と弁明の機会

ケース30 懲戒解雇を行う場合、賞罰委員会は必ず設置して、そこで審議しなければならないのでしょうか。

トラブルポイント ■■■■■■■■■■■■■■■■■■■

✴ 懲戒処分を行う上での手続きの相当性の確保
✴ 賞罰委員会を設置する場合の具体的な手続きの定め方

1．賞罰委員会の要否

　懲戒解雇を含め、懲戒処分を行うに当たっては、労契法の以下の条文を踏まえ、その適否等を検討する必要があります。

> **労契法15条**
> 　使用者が労働者を懲戒することができる場合において、当該懲戒が、当該懲戒に係る労働者の行為の性質及び態様その他の事情に照らして、客観的に合理的な理由を欠き、社会通念上相当であると認められない場合は、その権利を濫用したものとして、当該懲戒は、無効とする。

　すなわち、懲戒処分を行うためには、「客観的に合理的な理由」と「社会通念上相当」であることが必要とされています。この点、「社会通念上相当」であるという"相当性の原則"は、手続き面でも考慮され、手続き面の相当性を欠く場合には、懲戒権の濫用として無効となります。懲戒解雇や諭旨解雇も懲戒処分の一類型である以上、手続き面の相当性を検討することが必要です。

　では、手続きが相当といえるためには、賞罰委員会（名称に特段決まりはなく、企業ごとに「人事委員会」「懲戒委員会」等、さまざまな名称が使用されています）を必ず設置して審議しなければならないのでしょ

うか。

　この点に関しては、法律上、賞罰委員会の設置およびその中での審議を求める規定はありませんので、賞罰委員会を設置しなければ直ちに手続き上違法となるわけではありません。

　一方で、当然のことながら、賞罰委員会を設置し、その中で審議する形で懲戒処分の手続きを行うことも問題ありません。実際に、企業の中には、賞罰委員会を設置し、そこでの審議を要求しているところも少なからず見受けられますが、その場合には、就業規則や労働協約等で定められ、それに基づいて行われています。ただし、このように就業規則等で、賞罰委員会を設置し、懲戒処分をその中で審議して進めることを定めた場合には注意が必要です。すなわち、賞罰委員会の設置および審議を就業規則等で定めているにもかかわらず、当該審議を経ることなく懲戒処分を行った場合には、賞罰委員会を特段定めていない場合と異なり、懲戒処分が無効となる可能性が高まります。裁判例上も、就業規則で定められた懲戒委員会が開催されず、また、これに代替する措置も取られなかったことに対して、「手続き的な面においても、瑕疵が大きい」として、懲戒解雇を無効とした事案（中央林間病院事件　東京地裁　平8. 7.26判決　労判699号22ページ）があります。また、ほかにも、「本件懲戒解雇には就業規則及び賞罰委員会規則を無視した重大な手続違反があるから、その余について判断するまでもなく、本件懲戒解雇は無効である」と認定した裁判例（千代田学園事件　東京高裁　平16. 6.16判決　労判886号93ページ）もあり、いったん、就業規則等で賞罰委員会の手続きを定めた場合には、それに従った対応をすることが強く求められるところです。

　以上のように、賞罰委員会を設置し、そこで審議するかどうかは各企業の判断に委ねられ、その設置の有無によって懲戒処分の有効性が変わるというわけではありません。

2．賞罰委員会設置の検討ポイント

　賞罰委員会の設置のメリットとしては、就業規則等で設置と審議に関する手続き規定を定めておけば、手続きの流れが可視化され、より適正な手続きが確保されるという点が挙げられるでしょう。

　一方で、賞罰委員会の設置と審議を義務づけた場合には、原則として必ず当該手続きを行わなければならなくなります。つまり、緊急性が高く、短期間で懲戒処分を行いたい場合であっても、必ず賞罰委員会の設置と審議を行う必要があるため、迅速性・機動性においてデメリットがあります。例えば、賞罰委員会のメンバーとして取締役全員の参加を求めるような場合、日程が合わず、賞罰委員会の開催が大幅に遅延する等のリスクが考えられます。

　以上のような点を踏まえると、賞罰委員会を設置し、そこでの審議を行うにしても、迅速性・機動性といった点も考慮しながら、賞罰委員会の具体的な手続き内容（賞罰委員会のメンバーの検討や、賞罰委員会を開催する懲戒事由を限定する等）を決めることが肝要です。

👉ここが重要！

□賞罰委員会の設置と、その中での審議は手続き上必要不可欠ではない

□賞罰委員会を設置する場合には、就業規則等でその内容を定める。内容を定める際には、懲戒処分を行うに当たっての迅速性・機動性も考慮して、その具体的な手続きを決定することが肝要である

ケース31 懲戒解雇を行う場合、弁明の機会は必ず与える必要があるのでしょうか。また、懲戒解雇の対象となった従業員の弁明の機会を1回限りとし、短時間で済ませることでも問題ないのでしょうか。

トラブルポイント ■■■■■■■■■■■■■■■■■■■■■■■■■■■

懲戒処分をする前提としての、弁明の機会の要否とその内容

1．弁明の機会の付与の要否

ケース30で説明したとおり、手続き面の相当性を欠く場合には、懲戒権の濫用として当該懲戒処分は無効となります。では、懲戒処分の対象者に対し、弁明（告知・聴聞）の機会を与えることは、手続きの正当性を確保するために必要不可欠でしょうか。

法律上、懲戒処分に必要不可欠な手続きというものは定められていません。もっとも、就業規則等に弁明手続きの機会を確保するよう記載がある場合には、賞罰委員会における就業規則等に記載があった場合の考え方同様、当該弁明手続きを経ることなく懲戒処分を行うと、当該懲戒処分は原則として無効となります。例えば、千代田学園事件（東京高裁　平16. 6.16判決　労判886号93ページ）においては、弁明の機会の付与をしていない点もとらえて、手続き違反として懲戒解雇を無効としています。

では、就業規則等に弁明の機会の提供に関する記載がない場合にはどうでしょうか。この点に関しては、裁判例上も見解が分かれています。例えば、日本ヒューレット・パッカード事件（東京地裁　平17. 1.31判決　判時1891号156ページ）においては、「一般論としては、適正手続保障の見地からみて、懲戒処分に際し、被懲戒者に対し弁明の機会を与えることが望ましいが、就業規則に弁明の機会付与の規定がない以上、弁

明の機会を付与しなかったことをもって直ちに当該懲戒処分が無効になると解することは困難」として、適正手続き確保の要請から弁明の機会を与えることが望ましいとしつつも必要不可欠とまでは述べていません（ほかに同様の判断をした裁判例として、日本電信電話［大阪淡路支店］事件　大阪地裁　平 8. 7.31判決　労判708号81ページ）。

　一方で、大和交通（損害賠償）事件（奈良地裁　平12.11.15判決　労判800号31ページ）では、「懲戒処分が有効とされるためには、手続的に公正であることが要求されており、就業規則あるいは協約上、懲戒処分に関して何ら手続的規定がない場合であっても、対象者に弁明の機会を与えることは最小限必要な手続であると言うべきである。ことに、労働者とっては懲戒処分の中でも極刑ともいうべき懲戒解雇については、なおさらのことと言わねばならない」と判示し、当該事案では、懲戒解雇処分の前に弁明の機会を一切与えなかったと認定され、「手続的にも違法と評価せざるを得」ないとされました。また、同様に熊本県教委（教員・懲戒免職処分）事件（福岡高裁　平18.11. 9判決　労判956号69ページ）においても、「懲戒処分のような不利益処分、なかんずく免職処分をする場合には、適正手続の保障に十分意を用いるべきであって、中でもその中核である弁明の機会については例外なく保障することが必要である」旨判示しています。

　このように、就業規則等に弁明の機会の提供に関する記載がない場合には見解が分かれているところではありますが、違法の裁判例も存在する以上、確実性を期すのであれば、適正手続きの観点から、弁明の機会を確保しておくことが適切な対応といえるでしょう。特に "極刑" となる懲戒解雇のような場合には、より慎重な対応が求められますので、弁明の機会を設けることが肝要です。

2．弁明の機会の方法

　では、本ケースのように、懲戒解雇の対象となった従業員の弁明の機

会を1回限りとし、短時間で済ませることでも問題ないでしょうか。この点についても特段決まりがあるわけではなく、あくまで適正手続きの観点から、本人にどのような件で懲戒処分の調査が行われているのかを十分に理解させた上で、その内容について反論等の機会を与えることが肝要であり、それが1回かつ短時間の間にきちんと実施できるのであれば適正手続きの点で問題は少なくなりますし、逆に、不十分な弁明にとどまった場合には、実質的に弁明の機会が与えられていないと判断される可能性もあります。この点に関しては、前記熊本県教委(教員・懲戒免職処分)事件において、懲戒処分に先立って、当該行為者に「事情聴取を数度行っていることは認められるものの、これはあくまで処分をする側の必要からする事実調査の域を出ないものであって、控訴人（筆者注：懲戒対象者）に対して弁明の機会を付与したものとはいえない」として、適正手続きの観点から問題があるとされています。

　こうした点を踏まえ、適正手続きを徹底するのであれば、懲戒対象者本人に対してもまずは事実確認を行い、その後、物的証拠や利害関係のない第三者の供述などと突き合わせた上で、本人の供述と異なる点について、弁明の機会を与える（具体的には、これまで事実確認した内容を説明した上で、「事実経緯に関して、何か言っておきたいことはありますか」等という質問をする）というやり方が考えられます。

　以上を踏まえた場合の懲戒処分の一般的な流れを記載すると、**[図表2－9]**のような流れになります。

☞ ここが重要！

　□弁明の機会は、懲戒処分の適正手続きの観点から、設けておくとよい。また、その際には、懲戒事由についてできる限り本人に理解させて、反論等の機会を与えることが肝要である

図表 2 － 9　　懲戒処分の一般的な流れ

```
1. 非違行為の発生
     ↓
2. 非違行為に関する事実の調査
  ※具体的な事実の調査内容としては、①本人に対する事実確認、②関係者に対する
    事情聴取、③事実関係を裏づける客観的資料の収集が挙げられる。
     ↓
3. 懲戒事由の該当性および処分の程度の検討
     ↓
4. 弁明（告知・聴聞）の機会の提供等
  ※弁明の機会は原則として設ける必要がある。
  ※その他の手続きは、就業規則等に従って行う（記載がなければ必須ではない）。
     ↓
5. 処分の決定、実施
```

ケース32　強盗容疑で逮捕・勾留された従業員がおり、ニュースに、会社名と本人の名前が出てしまいました。このようなケースでは、本人に弁明の機会を与えず、すぐに懲戒解雇を行うことは可能でしょうか。

トラブルポイント ━━━━━━━━━━━━━━━

逮捕・勾留され、出社できない状況が続いている従業員に対して懲戒解雇を行う際の手続き

1．逮捕・勾留された場合の弁明聴取の要否

懲戒処分を行う場合には、適正手続きが要請され、就業規則等に弁明

の機会の提供に関する記載がある場合にはもちろんのこと、ない場合であっても弁明の機会を確保しておくのが適切な対応ということは**ケース31**で述べたとおりです。特に、懲戒処分の中でも"極刑"となる懲戒解雇を検討する場合には、より慎重な対応を行う観点から、原則として弁明の機会を設けることが肝要です。

しかし、本ケースのように、従業員が逮捕・勾留されてしまった場合には、従業員を呼び出して弁明聴取を行うことはできません。そこで、このような場合には、弁明聴取を行わずに、懲戒処分を行うことは、適正手続きの点から認められるのでしょうか。

本ケースのようにニュース等で当該会社の従業員であるなどの報道がなされた場合には、会社の信用毀損（きそん）にもつながるので、犯罪行為が事実であれば、早急に懲戒解雇したいと考える会社もあるでしょう。その点からは、逮捕・勾留され、通常の弁明聴取がしにくい場合には、当該手続きを回避したいところです。

就業規則では、懲戒解雇を含んだ懲戒事由の一つとして、「刑法その他刑罰法規の各規定に違反する行為をし、その犯罪事実が明らかとなったとき（当該行為が軽微な違反である場合を除く。）。」といった定め（[**図表2−8**]参照）が設けられているのが一般的です。

もっとも、犯罪行為は、業務外（私的行為）で行われることが大半であり、この事実関係をどう立証するかが一つのハードルとなります。すなわち、逮捕・勾留が明らかとなったとしても、警察等がその詳細を会社に伝えてくれることはあまり期待できません。また、本ケースのように強盗容疑で逮捕・勾留されたことが分かったとしても、あくまで容疑段階ですので、本当に犯罪を行ったのか否かに関し真実は明らかではなく、逮捕・勾留という事実をもって犯罪行為があったと判断することは避けるべきです。

そこで、このような犯罪事実の認否に関しては、本人から直接聞くことがもっとも効果的な手続きの進め方ということになります。その意味

では、弁明聴取は、逮捕・勾留されている従業員であっても原則として実施すべきでしょう。

2．接見による弁明聴取

では、実際の弁明聴取はどのように行えばよいのでしょうか。

基本的には、早期に懲戒処分の判断をしたいと考える場合には、逮捕・勾留されている従業員に接見禁止（面会をして話をすることが禁止されていること）が付いていない限り、当該従業員が留置されている警察署や拘置所に行って、そこで弁明聴取を行うことを検討すべきでしょう。ただし、1回の接見時間が短いため（場所にもよりますが15分～20分程度）、その間に弁明聴取を行うことが必要になります。したがって、あらかじめ聴取する内容を整理してから望むことが重要となります。

なお、本ケースにおいて、警察署等での接見による弁明聴取を行い、そこで本人が犯罪行為をすべて認めたため、懲戒解雇処分を決定したとします。その場合には、解雇の意思表示を本人に伝えて初めて懲戒解雇の効力が発生するので、再度接見等を行い、そこで懲戒解雇を本人に伝えることも併せて考えておく必要があります。

☞ここが重要！

□弁明聴取は、逮捕・勾留されている従業員であっても、懲戒処分の適正手続きの観点から行っておくとよい

□実際には、接見が禁止されていない限り、警察署等へ接見に行き、そこで弁明聴取を行う手続きを取ることになる。接見時間は短いため、聴取内容は整理しておくとよい

ケース33 懲戒解雇が認められるケースにおいて、その調査中に、当該労働者から退職届が出された場合、その退職届を受理せず、懲戒解雇を行うことは可能でしょうか。

トラブルポイント ■■■■■■■■■■■■■■■■■■■■■■

　労働者による退職の意思表示がなされた場合の懲戒解雇

1．懲戒解雇と退職の意思表示

　懲戒解雇は解雇の一類型である以上、使用者側からの一方的な労働契約の解約の意思表示となりますので、当然のことながらその前提として労働契約が継続していることが必要となります。そのため、既に労働者が退職の意思表示をし、退職してしまったような場合には、懲戒解雇の前提となる労働契約が存在していない以上、当該懲戒解雇の効力は否定されます。裁判例でも、既に退職の効力が生じた後の懲戒解雇は、従業員たる身分を喪失した後になされたものであることを理由にその効力を否定しています（東京ゼネラル［退職金］事件　東京地裁　平11．4.19判決　労判768号62ページ）。

　以上を前提とすると、懲戒解雇を有効に行うには、退職の効力が生じる前に行う必要があります。

2．退職の意思表示がなされた場合の懲戒解雇のタイミング

　では、労働者が退職の意思表示をした場合には、いつの時点でその効力が発生するのでしょうか。

　この点に関しては、労働者が一方的に退職を申し出た場合、その申し出を行った日から2週間後に労働契約終了の効力が発生することが、法

律上規定されています（民法627条1項）。つまり、労働者が特段退職日を示さず退職を申し出た場合であっても、その退職の意思表示から2週間後には退職の効力が発生します。そのため、本ケースのように、労働者から退職届が提出され、それを受理しなかったとしても、2週間後には退職の効力が発生します。

では、労働者が14日未満の退職日を記載した退職届を提出した場合にはどうでしょうか。法律上は、あくまで退職の意思表示をしてから14日経過後に退職の効力が発生する以上、14日未満の退職日を記載して退職届を提出したとしても、それを受理しなければ、14日後までは退職の効力は発生しません。

さらに、就業規則等に退職届を30日前までに提出するよう求める記載があった場合であっても、退職の意思表示をすれば、14日経過後のその日に退職の効力が生じることになります。

このように、懲戒解雇が想定され、その調査中である労働者から退職届が出された場合、その退職届を受理しなかったとしても、上記のとおり、当該意思表示から14日が経過すれば原則として退職の効力が生じ労働契約が終了となる以上、その14日間の間にすべての調査を終え、懲戒解雇の処分を行うことが必要となります。

☞ここが重要！

□退職の意思表示がなされた場合には、14日以内に懲戒解雇の手続きを行い、当該処分を行わなければ退職となり、その後の懲戒解雇は無効となる

③ 複数の懲戒事由

ケース34 一つひとつの事由だけでは、懲戒解雇に相当しません
が、複数の懲戒事由があり、勤務態度等を改めようと
しない社員に対し、すべての事由をまとめて「懲戒解雇」とすること
は可能でしょうか。

トラブルポイント ■■■■■■■■■■■■■■■■■■■■■■■■■■■■■■

✳ 複数の事由をまとめて懲戒解雇とすることの可否

1．懲戒処分の原則

　懲戒処分については、労契法15条において「使用者が労働者を懲戒す
ることができる場合において、当該懲戒が、当該懲戒に係る労働者の行
為の性質及び態様その他の事情に照らして、客観的に合理的な理由を欠
き、社会通念上相当であると認められない場合は、その権利を濫用した
ものとして、当該懲戒は、無効とする」と定められています。

　すなわち、懲戒解雇を含む懲戒処分が有効であるためには、客観的に
合理的な理由として、懲戒事由に該当する具体的な事実（理由）が必要
であり、社会通念上の相当性として、懲戒処分の内容が懲戒処分の対象
となった非違行為や結果の重大性等の諸般の事情に照らして妥当なもの
でなければなりません。

　この要件から、一つの非違行為に対して一つずつの処分をしなければ
ならないわけではなく、複数の非違行為に対して一つの処分をすること
も可能であり、それが一般的です（これと逆の一つの事案に対して複数
の処分をする二重処罰は、禁止されています。**ケース35**参照）。例えば、
三つの懲戒事由に該当する事案があり、いずれも譴責程度の場合、三つ

の譴責処分を行うことはせず、まとめて減給処分とすることも可能となります。

　本ケースにおいては、当該社員が懲戒解雇に至らない程度の問題行為を複数行っているとのことですが、これらの行為が会社の就業規則で定める懲戒事由に該当することを前提とすると、複数の行為を合わせて懲戒解雇とすることの社会通念上の相当性が主な問題となります。

2．懲戒解雇の相当性
[1]軽微な懲戒事由を合わせる場合

　懲戒処分の相当性では、懲戒対象となる非違行為の態様や結果の重大性が大きな考慮要素とされますが、その非違行為の動機・目的、勤務状況、注意指導歴や懲戒歴、非違行為後の反省の程度等も考慮されます。

　社員の行為が懲戒解雇を基礎づけるには足りない複数の懲戒事由に該当するとしても、会社が当該社員に注意指導や懲戒を行っていたのに当該社員が非違行為を繰り返したというような事情がなければ、懲戒解雇とすることは相当性を欠くものと考えられます。クレディ・スイス証券（懲戒解雇）事件（東京地裁　平28. 7.19判決　労判1150号16ページ）では、複数の懲戒事由該当性が認められたものの「その内容からして、原告（筆者注：労働者）は相応の懲戒処分を受けて然るべきであると考えられるが、いずれの行為についても懲戒処分を検討するに当たって考慮すべき事情等があり、従前注意、指導といった機会もなかった（証拠略）のであるから、これらの行為全てを総合考慮しても、懲戒処分における極刑といわれる懲戒解雇と、その前提である諭旨退職という極めて重い処分が社会通念上相当であると認めるには足りない」とされ、「降職までの懲戒処分にとどめ、然るべき注意、指導をするという選択肢があり得ないとは解されない」と判断されました。

[2]本ケースの場合

　本ケースでは、当該社員が軽微な問題行動を繰り返しているとのことですが、前記裁判例も踏まえると、懲戒解雇に足りない事由が複数ある場合に懲戒解雇とするには、従前の注意指導歴の有無が重要です。

　問題の社員が軽微な懲戒事由に該当する行為を複数行っており、今後、勤務態度等を改める見込みもないと懸念されているとのことですが、過去に注意指導歴や懲戒歴がない場合には、この「懸念」のみでは懲戒解雇の相当性として不十分であることは否めません。

　前記裁判例が懲戒解雇や諭旨退職ではなく、「降職までの懲戒処分にとどめ、然るべき注意、指導をするという選択肢があり得ないとは解されない」と述べていることからすると、勤務態度等を改める見込みがないとの「懸念」では足りず、勤務態度等を改めないことの具体的な根拠事実がなければ、懲戒解雇としての相当性は否定される可能性が高いでしょう。

3．本ケースの適切な対応方法

　問題行動を繰り返す社員への対応としては、会社が当該社員に適時適切に注意指導や懲戒処分を繰り返し行うことです。

　このように軽微な事案であっても都度、注意指導や懲戒処分を繰り返し行うことにより当該社員に改善の機会を何度も与え、それでも当該社員が同様の非違行為を繰り返したという事実を積み重ねることで、当該社員に改善の意思や反省の事情がないという具体的根拠となります。それによって、会社は懲戒解雇処分の相当性を基礎づけることが可能となります。それを行わずに、複数の懲戒事由があるからといって懲戒解雇を行ってしまうと、懲戒解雇が無効となるリスクが生じることとなります。

　以上から、本ケースにおいては、懲戒解雇を拙速に行うのではなく、懲戒解雇に至らない程度で比較的重い懲戒処分と注意指導を行い、それでも対象者が問題行動を繰り返したときに懲戒解雇を含めた処分を検討するとよいでしょう。

☞ ここが重要！

□複数の事由をまとめた懲戒処分

- ✔複数の事由をまとめて一つの懲戒処分を行うことは可能である
- ✔ただし、その懲戒処分は相当なものでなければならないことから、一つひとつの事由が軽い場合には、懲戒解雇の相当性を欠く場合もある
- ✔拙速に懲戒解雇を行うことは避け、比較的重い懲戒処分や注意指導を重ねることで懲戒解雇への準備とすることが重要である

④ 二重処罰の禁止

ケース35　ある非違行為をした従業員に対して、当該行為だけでは懲戒解雇事由に該当しない場合、既に懲戒処分を下した非違行為を懲戒事由に加えて、懲戒解雇することは可能でしょうか。また、過去に注意指導をした行為を懲戒事由に加えることは認められるでしょうか。

トラブルポイント ■■■■■■■■■■■■■■■■■■■

✦過去の懲戒処分の対象となった非違行為の取り扱い

1．「二重処罰の禁止」

　繰り返し非違行為をする従業員がいた場合、当該非違行為を戒めるため厳しい懲戒処分を科す必要性が高まります。では、このように繰り返し非違行為をする従業員に対して、過去に懲戒処分を下した問題行為も

含め、新たに懲戒処分を行うことはできるのでしょうか。

　結論を先に述べますと、懲戒処分を下した非違行為について、再度懲戒事由として処分することは認められません。これを「二重処罰の禁止」あるいは「一事不再理の原則」といいます。

　この点に関して指摘した裁判例もあります。すなわち、「懲戒処分は、使用者が労働者のした企業秩序違反行為に対してする一種の制裁罰であるから、一事不再理の法理は就業規則の懲戒条項にも該当し、過去にある懲戒処分の対象となった行為について重ねて懲戒することはできないし、過去に懲戒処分の対象となった行為について反省の態度が見受けられないことだけを理由として懲戒することもできない」として、懲戒処分を既に行ったことを理由に再度懲戒処分を行うことはできない旨を判示しています（平和自動車交通事件　東京地裁　平10.2.6決定　労判735号47ページ）。また、別の裁判例でも「使用者の懲戒権の行使は、企業秩序維持の観点から労働契約関係に基づく使用者の権能として行われるものであるが、制裁罰にほかならないから、同一の行為について重ねて懲戒権を行使することは、その権利を濫用したものとして無効とされる」と判示しているところです（WILLER EXPRESS西日本事件　大阪地裁　平26.10.10判決　労判1111号17ページ）。

２．繰り返しの非違行為を踏まえた量刑上の考慮

　もっとも、繰り返し懲戒処分を受けている従業員に対して、初めて懲戒処分を受ける従業員と同様の処分とすることは不合理であり、実際には、同じ非違行為を繰り返し改善が見られないようなケースについては、既に懲戒処分を下した非違行為を懲戒事由そのものとすることはできませんが、当該同様の非違行為を繰り返している状況や懲戒処分歴等を一情状として考慮して重く処分することは可能です。裁判例上も、過去に非違行為を繰り返していた従業員を懲戒解雇した事案で、一事不再理の原則により、同様の事由を解雇事由とすることは許されないとしつつ、

過去の非違行為や懲戒処分等の状況を考慮の上、懲戒解雇が認められているところです（甲山福祉センター事件　神戸地裁尼崎支部　昭58. 3.17判決　労判412号76ページ、日経ビーピー事件　東京地裁　平14. 4.22判決　労判830号52ページ）。

　こうした点も考慮して、**[図表 2 − 8]**の就業規則例の懲戒解雇事由においても、例えば、以下のような規定を記載しています。

---

⑭第○条【軽微の懲戒処分の事由】の懲戒を受けたにもかかわらず、
　同様の非違行為をしたとき。
⑯この規則及び諸規程の違反を繰り返したとき。

3．注意指導と「一事不再理の原則」

　では、懲戒処分としてではなく、問題行為として注意指導をした非違行為について、その後、懲戒事由として検討することはできるでしょうか。この点については「一事不再理の原則」の考え方と同様に考える必要があります。すなわち、懲戒事由に該当しているにもかかわらず、注意指導を行ったケースでは、通常、懲戒処分に至らないレベルの事由と判断して注意指導にとどめているものと思われます。したがって、このような場合であっても「一事不再理の原則」には該当すると考えられますので、既に注意指導が終了している行為を懲戒事由として付け加えることは、避けるべきでしょう。

☞ ここが重要！

□既に懲戒処分した非違行為を再度懲戒事由として検討することは
　許されないが、懲戒処分を行う上での加重要素として考慮するこ
　とは可能である

□懲戒処分に至らない注意指導を行った場合であっても、後にその
　事由について懲戒処分とすることは避けるべき

5 非違行為から長期間経過した後の懲戒解雇の可否

ケース36　　2年前に行われたセクシュアルハラスメント（以下、
セクハラ）被害に対して、従業員から申告がありまし
た。しかし、当該セクハラ行為については、その当時にも申告があっ
たものの、被害者が退職してしまったため調査をせずに放置してい
ました。申告内容を踏まえると、本来であれば懲戒解雇の可能性も
考えられる事案ですが、このような事案の場合、改めて2年前のセ
クハラ行為につき調査をして、懲戒解雇等の処分を科すことはでき
るのでしょうか。

トラブルポイント ∎∎∎∎∎∎∎∎∎∎∎∎∎∎∎∎∎∎∎∎∎∎∎∎∎
✦長期間経過した非違行為に対する懲戒処分の実施

1．長期間経過した非違行為の懲戒処分の可否

　懲戒処分とは、広く企業秩序を維持し、もって企業の円滑な運営を図
るために、その雇用する労働者の企業秩序違反行為を理由として、当該
労働者に対し科す一種の制裁罰を指しますので、企業秩序が乱されてい
ることが前提となります（**ケース28**参照）。本ケースのように非違行為か
ら長期間が経過してしまうと、乱されていた企業秩序が徐々に回復して

いくことが想定されます。このように非違行為の時点から長期間が経過し、企業秩序が回復してきた後に、当該非違行為について懲戒処分をすることはできるのでしょうか。

　この点に関して参考となる裁判例が、ネスレ日本(懲戒解雇)事件（最高裁二小　平18.10. 6判決　労判925号11ページ）です。この裁判例は、複数回にわたって上司に暴行行為をした従業員らに対し、当該上司から警察および検察庁に被害届や告訴状が提出され、約6年後に不起訴処分となった事案において、会社が不起訴処分後（当該暴行行為から7年以上経過後）に諭旨退職処分を行ったものです。また、同事案では、諭旨退職の18カ月前にも当該従業員らが暴言・業務妨害等の非違行為をしています。これに対し、裁判例は、「本件各事件は職場で就業時間中に管理職に対して行われた暴行事件であり、被害者である管理職以外にも目撃者が存在したのであるから、上記の捜査の結果を待たずとも被上告人（筆者注：会社）において上告人（筆者注：従業員）らに対する処分を決めることは十分に可能であった」として「7年以上経過した後にされた本件諭旨退職処分は、（中略）処分時点において企業秩序維持の観点からそのような重い懲戒処分を必要とする客観的に合理的な理由を欠くものといわざるを得ず、社会通念上相当なものとして是認することはできない」と認定しています。また、諭旨退職の18カ月前の件についても、「期間の経過とともに職場における秩序は徐々に回復したことがうかがえ、少なくとも本件諭旨退職処分がされた時点においては、企業秩序維持の観点から上告人らに対し懲戒解雇処分ないし諭旨退職処分のような重い懲戒処分を行うことを必要とするような状況にはなかった」として最終的に諭旨退職処分を無効としています。また、非違行為が判明してから1年後に懲戒解雇をした事案について、1年間の手続きの放置を理由に懲戒解雇を無効とした裁判例もあります（北沢産業事件　東京地裁　平19. 9.18判決　労判947号23ページ）。

　さらに、約2年前のセクハラ等を理由に懲戒解雇した事案（霞アカウン

ティング事件　東京地裁　平24. 3.27判決　労判1053号64ページ）では、
「セクシュアル・ハラスメントの事実が認定できるとしても、処分が遅延す
る格別の理由もないにもかかわらず約2年も経過した後に懲戒解雇という
極めて重い処分を行うことは、明らかに時機を失しているということがで
きる」として懲戒解雇の理由とすることに問題があると認定しています。

2．本ケースへの当てはめと対応

　以上を踏まえると、本ケースではセクハラ行為の存在を認知してから
2年間放置していた以上、懲戒解雇を検討することは権利濫用となり、
無効となる可能性が高いでしょう。

　このように、懲戒処分の趣旨（企業秩序の維持）に鑑みて、当該非違
行為から長期間が経過した後の懲戒処分については、裁判例上、懲戒権
の濫用として無効と判断する傾向にあります。そのため、長期間経過後
の懲戒処分が無効と判断されないようにするためには、以下の対応をす
ることが肝要です。

- 企業秩序の維持のために懲戒処分を行うという必要性が失われる前
  に懲戒処分を行う
- 非違行為が判明した場合には、放置せずに懲戒手続きを開始する
- 刑事手続きが進んでいる事案であっても、会社としてできる限り調
  査を行い、必要に応じて処分を行う

👉 ここが重要！

　□懲戒処分を行うのであれば、非違行為が判明した段階で、適時適
　　切に行うことが重要であり、決して放置しない

6 懲戒解雇の普通解雇への転換と予備的普通解雇

ケース37 懲戒解雇事由に該当したため懲戒解雇としましたが、当該従業員から提訴されました。万が一、懲戒解雇が無効だとしても、同じ事由で普通解雇を主張し、普通解雇事由があれば、解雇は有効となるのでしょうか。

トラブルポイント ■■■■■■■■■■■■■■■■■■
懲戒解雇が無効である場合の普通解雇への転換

1. 懲戒解雇の普通解雇への転換の可否

　懲戒処分の中でも懲戒解雇は労働者としての身分を失わせる"極刑"に当たりますので、一般論として、その有効要件のハードルは高いといえます。また、従業員が懲戒解雇の無効を訴えて訴訟になるケースも少なからず存在します。このような場合、懲戒解雇処分が無効となる可能性を考慮して、懲戒解雇より解雇のための要件が緩やかと解されている普通解雇の主張も行い、解雇としての有効性を主張することはできるのでしょうか。

　この点に関して、「懲戒解雇事由にあたると考えた事実が懲戒解雇事由に該当しないとすれば雇傭関係消滅の効果を意欲しなかったというような特別事情の認められない限り、使用者が懲戒解雇事由にあたると考えた事実を懲戒解雇事由にあたると評価しえない場合でも、右解雇権の行使により通常解雇としての効力すなわち雇傭関係消滅の効果が生じないかどうかを検討する必要がある」として、懲戒解雇を普通解雇に転換できる可能性を指摘した裁判例があります（日本経済新聞社事件　東京地

裁　昭45.6.23判決　労判105号39ページ）。

　しかし、反対に、懲戒解雇を普通解雇に転換できない旨を指摘した裁判例もあります。例えば、三菱重工業(相模原製作所)事件（東京地裁平2.7.27判決　労判568号61ページ）によれば、「懲戒解雇と普通解雇は就業規則上別個に規定がなされているし、（中略）懲戒解雇にいたる経緯、解雇通知書の記載等によれば、前記懲戒解雇の意思表示が普通解雇の意思表示としてその効力が認められるものと解することはできない」と判示しています。同様に懲戒解雇を普通解雇に転換できないとする裁判例は複数存在します（太平洋運輸事件〔名古屋地裁　昭60.9.11判決　労判468号73ページ〕、日本メタルゲゼルシャフト事件〔東京地裁　平5.10.13決定　労判648号65ページ〕、岡田運送事件〔東京地裁　平14.4.24判決　労判828号22ページ〕等）。

　このように、懲戒解雇を普通解雇に転換できないとする裁判例が少なからず存在する以上、注意が必要です。

2．予備的普通解雇の有効性

　もっとも、懲戒解雇が無効であった場合に備えて、予備的に普通解雇の意思表示をしている事案では、懲戒解雇が無効であったとしても普通解雇の有効性は認められているものがあります。例えば、前記三菱重工業(相模原製作所)事件では、その後別の理由により、予備的に普通解雇の意思表示をしているところ、その効力の有効性が認められています。また、前記日本メタルゲゼルシャフト事件においても、懲戒解雇の意思表示を普通解雇の意思表示に転換することは否定していますが、「懲戒解雇と普通解雇とは（中略）その要件及び効果が異なるのであるから、債務者（筆者注：会社）がその双方を選択することは何ら妨げられるものではな」いと判示して、予備的な普通解雇を有効としています。

3．本ケースへの当てはめと対応

　以上を踏まえて、本ケースを検討すると、懲戒解雇した従業員から解雇無効について提訴された際に、懲戒解雇を普通解雇に転換することを主張したとしても、その効力は認められない可能性が高いでしょう。そのため、本ケースのように、懲戒解雇の有効性に不安があるということであれば、あらかじめ懲戒解雇に加えて、予備的に普通解雇の意思表示も行っておくことが、解雇自体の有効性を高める一つの方策となります。

☞ ここが重要！

□会社が懲戒解雇のみの意思表示をしている場合、訴訟になった際、当該意思表示に普通解雇の意思表示を包含させることは難しい（普通解雇への転換は難しい）

□懲戒解雇だけではその有効性が不安な場合には、懲戒解雇に加え、予備的に普通解雇も意思表示しておくことが、解雇の有効性を高めるという点では一つ有用な方法である

7 退職金不支給の可否

ケース38 当社では、懲戒解雇処分を行った場合には、退職金を「全部または一部不支給」とする規定となっています。しかし、懲戒解雇処分は最も悪質な場合に適用するものなので、退職金は一律全額不支給でもよいと思いますが、一律全額不支給とすることは認められないのでしょうか。

トラブルポイント ━━━━━━━━━━━━━━
懲戒解雇時の退職金の全額不支給

1．退職金不支給の基準

懲戒解雇が適用された従業員に対しては、退職金を全額または一部不支給と就業規則に規定するケースが多いところです。

では、このような規定がある場合、実際に、退職金を全額または一部不支給とすることは可能なのでしょうか。

裁判例は、「退職金は、功労報償的性格とともに、賃金の後払的性格をも併せ持つものであることからすると、退職金の全額を失わせるような懲戒解雇事由とは、労働者の過去の労働に対する評価を全て抹消させてしまう程の著しい不信行為があった場合でなければならないと解するのが相当である」（トヨタ工業事件　東京地裁　平 6. 6.28判決　労判655号17ページ）という基準を用いて判断をする傾向にあります（同様の趣旨として、日本高圧瓦斯工業事件〔大阪高裁　昭59.11.29判決　労民35巻 6号641ページ〕、旭商会事件〔東京地裁　平 7.12.12判決　労判688号33ページ〕等）。

2．退職金全額不支給の可否

　その上で、裁判例も最終的な判断はケースごとに分かれ、例えば、日音(退職金)事件（東京地裁　平18. 1.25判決　労判912号63ページ）等では全額不支給を認めています。一方で、小田急電鉄(退職金請求)事件（東京高裁　平15.12.11判決　労判867号５ページ）では３割に限っての不支給、東京貨物社(解雇・退職金)事件（東京地裁　平15. 5. 6判決　労判857号64ページ）では４割５分に限っての不支給が認められています。

　このように、退職金全額不支給の可否は、労働者の過去の労働に対する評価をすべて抹消させてしまうほどの著しい不信行為があったかどうかを個別具体的に判断することで決まります。そのため、就業規則において一律に「全額不支給」と規定し、かつ懲戒解雇自体が有効であった場合であっても、退職金全額不支給が有効となるわけではないことに留意が必要です。その点を考慮すれば、懲戒解雇の場合に退職金を「全部または一部不支給」とする規定を、「全額不支給」に変更する必要性は乏しいように思われます。

☞ここが重要！

□懲戒解雇の際の退職金全額不支給の可否は、「労働者の過去の労働に対する評価を全て抹消させてしまう程の著しい不信行為があった場合」に限られるため、必ずしも全額不支給が認められるわけではない

8 社内掲示と公表

ケース39 懲戒解雇とした従業員を社内イントラネットで、事由とともに所属・氏名・顔写真を公表しましたが、問題はないのでしょうか。

トラブルポイント

★ 懲戒処分実施後の社内公表の方法

1．懲戒処分と社内公表基準

懲戒処分の内容（懲戒処分の事由や懲戒処分の量刑、所属、氏名等）を、社内で公表する企業は少なからずあります。それらの企業については、「一罰百戒」として再発防止を徹底することを目的に行っているところが多いです。しかし、従業員にとっては、本来であれば公表してほしくない事柄であり、これが公表されることは、当該従業員の名誉、信用が少なからず害されることになります。また、懲戒処分によって、既に当該従業員に対する制裁罰も終了していることから、不必要に当該従業員の名誉を毀損するような公表は避けるべきとも思われます。

そこで、懲戒処分後の公表に関し、そもそも公表してよいのかどうか、公表する場合には、どこまで公表できるのかが問題となります。

この点、裁判例によれば、「一般に、解雇、特に懲戒解雇の事実およびその理由が濫りに公表されることは、その公表の範囲が本件のごとく会社という私的集団社会内に限られるとしても、被解雇者の名誉、信用を著しく低下させる虞れがあるものであるから、その公表の許される範囲は自から限度があり、当該公表行為が正当業務行為もしくは期待可能性の欠如を理由としてその違法性が阻却されるためには、当該公表行為が、

142

その具体的状況のもと、社会的にみて相当と認められる場合、すなわち、公表する側にとって必要やむを得ない事情があり、必要最小限の表現を用い、かつ被解雇者の名誉、信用を可能な限り尊重した公表方法を用いて事実をありのままに公表した場合に限られると解すべきである」として、一定の制限をかけています（泉屋東京店事件　東京地裁　昭52.12.19判決　労判304号71ページ）。

　この基準に関しては、特に「被解雇者の名誉、信用を可能な限り尊重した公表方法」がポイントになります。例えば、国立大学法人Y大学事件（東京地裁　平30. 9.10判決　労経速2368号3ページ）においては、被懲戒者を直接特定する記載がないことを一つのポイントとして挙げています。この点については、公務員に関する懲戒公表の指針ではありますが、人事院の「懲戒処分の公表指針について」（平15.11.10　総参786）にも同様の趣旨の記載があります。すなわち、懲戒処分の公表について、「事案の概要、処分量定及び処分年月日並びに所属、役職段階等の被処分者の属性に関する情報を、個人が識別されない内容のものとすることを基本として公表するものとする」とし、裁判例同様、被懲戒者を特定しない形での公表としています。

　また、こうした名誉、信用毀損リスクを回避する上では、公表を行う範囲を原則として社内に限定することも必要と思われます。例えば、日星興業事件（大阪高裁　昭50. 3.27判決　判時782号48ページ）では、同業社に通知する等、社外に公表したケースにおいて、「控訴人（筆者注：被懲戒者）の名誉、信用を毀損する程度が甚し過ぎ、被控訴人らの名誉、信用を擁護する手段としてはその限度をこえている」として違法とされ、慰謝料と謝罪広告が認められています。

2．本ケースへの当てはめと留意点

　以上を踏まえて本ケースを考えると、懲戒解雇事由とともに所属・氏名・顔写真を社内イントラネットで公表しており、必要以上に被懲戒者

の名誉、信用を害している可能性が高い事案といえます。したがって、少なくとも氏名や顔写真については公表を避け、個人が特定できない形で公表をすることが必要です。

　なお、あらかじめ懲戒処分の公表についての目的等を明確にしておくためにも、懲戒処分を公表する企業においては、就業規則等に懲戒処分を公表する旨の規定を設けておくことが適切です。

☞ここが重要！

□懲戒処分の公表を行うときは、以下の点に留意すべきである

①できるだけ個人が特定できないような形で公表する

②公表範囲は原則として社内にとどめる

③公表の目的を従業員に周知するためにも、就業規則等に公表の規定を定めておく

❾ 職場内での非違行為

ケース40 就業規則において、許可を得ることなく副業を行うことを禁止しています。許可を得ることなく、副業を行った従業員を懲戒解雇することは可能でしょうか。

トラブルポイント
* 副業禁止を懲戒事由とすることの可否
* 副業禁止が認められる範囲

1．副業禁止違反を懲戒処分とすることの可否

　本ケースのように、無許可で副業を行うことを禁止する就業規則を定めている企業は少なからず存在します。近年は、働き方改革の一環で、国や行政が副業や兼業の普及促進を図っていることもあり、各企業の中にも、副業、兼業禁止の緩和を推進しているところもありますが、それでも一定の制限を設けている企業が多いように思われます。

　では、社会的に副業や兼業の普及促進が図られている状況も含め、そもそも副業を許可制とし、これに反した従業員を懲戒処分することはできるのでしょうか。

　この点に関しては、懲戒処分の趣旨が、企業秩序義務違反に対する制裁罰である以上、副業を行うことで企業秩序が乱される場合には、懲戒処分をする必要性があります。一方で、就業時間以外の時間は、労働者の私生活上の時間である以上、その自由を害することは制限的にとらえられるべきです。例えば、小川建設事件（東京地裁　昭57.11.19決定　労判397号30ページ）では、「労働者は労働契約を通じて１日のうち一定の限られた時間のみ、労務に服するのを原則とし、就業時間外は本来労働者の自由であることからして、就業規則で兼業を全面的に禁止することは、特別な場合を除き、合理性を欠く」としています。そのため、裁判例上は、副業を懲戒事由とする必要性の観点から、必要な範囲でのみ、懲戒処分を認めているところです。例えば、橋元運輸事件（名古屋地裁　昭47．4.28判決　労経速790号３ページ）では、「元来就業規則において二重就職が禁止されている趣旨は、従業員が二重就職することによつて、会社の企業秩序をみだし、又はみだすおそれが大であり、あるいは従業員の会社に対する労務提供が不能若しくは困難になることを防止するにあると解され、従つて右規則にいう二重就職とは、右に述べたような実質を有するものを言い、会社の企業秩序に影響せず、会社に対する労務の提供に格別の支障を生ぜしめない程度のものは含まれないと解するのが相当である」と判示され、副業の際の懲戒事由の当てはめを限定

的に解釈しています。

2. 懲戒処分可能な副業、兼業

　実際には、以下のケースで企業秩序が乱されていると判断され、懲戒処分が認められているところです。

> ①従業員が副業を行うことで、本業の労務提供に支障が生じている場合
> ②競業会社における副業、兼業で、企業秘密の漏洩（ろうえい）の可能性がある場合

　まず、①については、例えば、前記小川建設事件では、「労働者がその自由なる時間を精神的肉体的疲労回復のため適度な休養に用いることは次の労働日における誠実な労働提供のための基礎的条件をなすものであるから、使用者としても労働者の自由な時間の利用について関心を持たざるをえ」ないとして、労務提供に支障を来すような長時間の兼業については禁止が認められ、深夜に及ぶ6時間にわたる兼業が、単なる余暇利用のアルバイトの域を超え、「当該兼業が債務者への労務の誠実な提供に何らかの支障をきたす蓋然性が高い」とされ、懲戒解雇が認められています（実際に、当該事案は、就業時間中の居眠り、残業を嫌忌する等の就業態度も見られたものです）。

　また、②のケースの例としては、前記橋元運輸事件が挙げられますが、そこでは、競業関係にある会社の取締役に就任したことに対し、競業会社の経営に直接関与しなかったとしても、その可能性があることや、「原告ら（筆者注：従業員）は被告（筆者注：会社）の単なる平従業員ではなく、いわゆる管理職ないしこれに準ずる地位にあつたのであるから、被告の経営上の秘密が原告らにより（中略）もれる可能性もある」として、会社の経営上の秘密が漏れる可能性を指摘して、「企業秩序をみだし、又はみだすおそれが大」として懲戒解雇を有効としています。以上

を踏まえると、②のケースにおいては、単に競業会社で副業を行っているだけではなく、企業秘密の漏洩の可能性がある役職や地位にあることが必要であり、例えば、企業秘密にほとんど触れることのないアルバイトなどが副業を行ったことをもって懲戒解雇を行うことは、基本的には避けたほうがよいでしょう（このようなケースにおいても、副業、兼業が許可制や届け出制である場合に、その許可申請や届け出申請を行わなかったという手続き違反を理由に懲戒処分を検討することは可能ですが、その際には適用したとしても比較的軽微な処分にとどめざるを得ないでしょう）。

3．本ケースへの当てはめと対応

　以上を前提とした場合、本ケースについては、その詳細が不明ですが、懲戒解雇は懲戒処分の極刑に当たりますので、特に重大な業務上の支障が生じた場合に限って当該処分を行うのが適切と考えます。例えば、①のケースのような場合であれば、前記裁判例のように、実際の就業時間中に労務提供が満足にできない状態を繰り返したり、本来行うべき業務を拒否するような態度を取り、その改善が見られないような場合に懲戒解雇が検討できるでしょう。

　また、②のケースのような場合では、企業の秘密が漏洩したことにより、会社にとって大きな損害が生じた場合や、あるいは秘密漏洩の可能性があるために副業を辞めるよう指導しているにもかかわらず、拒絶して副業を継続した場合等の重大なケースに限って懲戒解雇を検討することが適切です。

☞ ここが重要！

□副業禁止違反を懲戒事由とすること自体は構わないが、原則とし
　ては以下のようなケースに限定されるので注意が必要である
　①従業員が副業を行うことで、本業の労務提供に支障が生じてい
　　る場合
　②競業会社における副業、兼業で、企業秘密の漏洩の可能性があ
　　る場合

ケース41　長年にわたる金銭横領を行った従業員に対する懲戒解
雇処分は妥当ですか。また、この際に、監査努力を怠っ
た会社の責任を加味すべきでしょうか。

トラブルポイント ■■■■■■■■■■■■■■■■■■

横領等の金銭犯罪をした従業員に対する懲戒解雇処分時の会社の
監査責任の取り扱い

1．横領等の金銭犯罪と懲戒解雇

　従業員が社内において金銭の横領や窃盗などの犯罪行為をした場合に
は、企業内の秩序が大きく害されることになりますので、懲戒事由に該
当することは言うまでもありません。そして、社内における当該犯罪行
為は背信性が極めて強い非違行為ですので、基本的には、懲戒処分の極
刑に当たる懲戒解雇を検討すべきことになります。実際の懲戒解雇事由
においても、「会社の金品を盗み、又は横領する等不正行為に及んだと
き。」といったような規定を設けて、これを適用することが一般的です

（[**図表2−8**]参照）。

　こうした横領等の金銭不正取得の事案では、以下のような事項を総合考慮した上で、懲戒解雇の有効性を検討することになります。

---

①当該非違行為をした目的、動機

②当該非違行為の悪質性（回数、期間、態様の悪質性等）

③被害金額の多寡

④金銭の返還の有無

⑤当該企業の性質や本人の地位、職務内容等

⑥過去の同様の事例における処分内容との均衡

　これらの要素のうち、③の被害金額の多寡については、原則としてはあまり問題にならず、少ない金額であっても懲戒解雇となるケースが一般的です。例えば、東京都公営企業管理者交通局長事件（東京地裁　平23.5.25判決　労経速2114号13ページ）は、バスの運転手が、乗客からの運賃合計1100円を不正領得したため懲戒免職処分となった事案ですが、「運賃1100円の不正領得という事実がバスの乗務員として極めて悪質な行為であり、職務上許されないものであることはいうまでもなく、その額の多寡にかかわらず、これが懲戒免職に値する行為であることは明らかである」として、懲戒免職処分を有効としています。また、ダイエー（朝日セキュリティーシステムズ）事件（大阪地裁　平10.1.28判決　労判733号72ページ）は、大型スーパーマーケットから警備会社に出向していた従業員が、夕食代の領収証を改竄して会社に10万円を水増し請求し、着服したとして、懲戒解雇となった事案ですが、上記のような考慮要素を検討して懲戒解雇を有効としています。すなわち、「被告は大型スーパーマーケットの経営等を目的とする株式会社であるから、会社の金銭の着服は、それ自体会社と従業員との間の労働契約の基礎となる信頼関係を破壊させるに十分なほど背信性が高い行為である」こと、当該従業員の役職（警備会社の業務次長という要職であったこと）、「大型スーパーマー

ケットは、小口の金銭が頻繁に出入りする業種であるから、金銭に関する不正の入り込む余地が比較的大きいにもかかわらず、その発覚が比較的困難であることは経験則上明らかというべきであり、したがって、被告が金銭に関する不正には厳罰をもって臨むことにはそれなりの合理性があ」ったこと、過去にも被害金額が少額であっても従業員やアルバイトの金銭の着服については懲戒解雇等の処分を行ってきたことを踏まえて、懲戒解雇を有効としています。

　一方で、懲戒解雇が無効となった事案もあります。光輪モータース（懲戒解雇）事件（東京地裁　平18. 2. 7判決　労判911号85ページ）は、従業員が交通費を浮かすため通勤経路の変更を行ったが、その変更を会社に申告しなかったために、本来の定期代よりも１カ月当たり7000円近く多い定期代を約４年８カ月にわたって不正に受給していたところ、会社に発覚し、懲戒解雇の処分を受けた事案です。この裁判例では、以下のような点を挙げて動機が悪質ではないと認定し、懲戒解雇を無効としています。

- 変更前の通勤経路のほうが通勤時間および距離的にみて最も合理的であり、会社も交通費の安価な通勤経路に変えるよう申し入れることまでは考えていなかったため、当該従業員が変更前の通勤経路で申請していれば、従前の通勤経路の通勤手当を受給し得た事案であること
- この会社ではオートバイ通勤も認められており、その場合には、従前の通勤経路の通勤手当を受給できることから、当該従業員は、申請し支給された通勤手当の範囲内であれば、節約した交通費を受領しても構わないと考えていたこと
- 不正受給金額が34万7780円と会社の現実的な経済的損失が大きいとはいえないこと、当該従業員が金員の返還準備をしていること
- 本件解雇に至るまで懲戒処分を受けたことがないこと

　当該裁判例は、純粋な横領や窃盗事案とは少し異なり、特に動機の面で情状の余地のあった事案であることが一つのポイントとなっているといえます。

２．本ケースへの当てはめ

　以上を踏まえると、本ケースでは、長年にわたり金銭横領を行っている以上、原則に立ち返り懲戒解雇処分が有効となると思われますし、当該非違行為を行った者に対しては、悪質性が極めて大きいところですので、企業の監査努力の有無を問わず、懲戒解雇としても問題がない事案と考えます。

☞ ここが重要！

□社内における金銭横領や窃盗については、原則として懲戒解雇を
　ベースに検討することになる

□ただし、例外的に、社内制度の不備等により、動機等において悪
　質と言い切れないような場合には、その他の懲戒解雇の検討要素
　も加味しつつ検討することが必要である

ケース42　複数の従業員からセクハラ被害の申告がありました。当社ではセクハラについては厳しく注意喚起をしていますので、セクハラを行った従業員に対しては厳しい処分を検討しています。加害者の従業員に対する懲戒（諭旨）解雇は可能でしょうか。

トラブルポイント ■■■■■■■■■■■■■■■■■■■■■■■■

● セクハラを行った従業員に対する懲戒解雇事由の見極め

1．セクハラについて

　セクハラに関する法律上の規定は、均等法において定められています。

> **均等法11条1項**
>
> 　事業主は、職場において行われる性的な言動に対するその雇用する労働者の対応により当該労働者がその労働条件につき不利益を受け、又は当該性的な言動により当該労働者の就業環境が害されることのないよう、当該労働者からの相談に応じ、適切に対応するために必要な体制の整備その他の雇用管理上必要な措置を講じなければならない。

　すなわち、セクハラの具体的な要件としては、

①職場において行われる性的な言動により当該労働者の就業環境を害すること（環境型セクハラ）

②職場において行われる性的な言動に対する被害者の対応により労働条件につき不利益を受けること（対価型セクハラ）

のいずれかに該当することが必要となります。

　セクハラに関しては、「事業主が職場における性的な言動に起因する問題に関して雇用管理上講ずべき措置等についての指針」（平18.10.11　厚労告615、最終改正：令2.1.15　厚労告6）で詳細に定められています。そして、当該指針では、セクハラに関して事業主が講じるべき措置として、ハラスメントを行った者に対する厳正対処の方針および対処の内容を就業規則等の文書に規定することや、セクハラの事実が確認できた場合には、当該行為者に対して懲戒処分等の措置を適正に行うことを求めています。

2．セクハラを理由とする懲戒（諭旨）解雇

　セクハラを認定するための要件は前記で述べたとおりですが、その具体的な内容（セクハラの行為態様）はさまざまであり、懲戒（諭旨）解雇という"極刑"処分を行うためには、慎重な検討を要します。この

点、強制わいせつ罪や強制性交等罪に該当するような犯罪行為と評価できるようなセクハラを行った場合には、もはや企業秩序を維持することは難しくなりますので、懲戒（諭旨）解雇をベースに検討することになります。例えば、西日本鉄道(福岡観光バス営業所)事件（福岡地裁　平9. 2. 5判決　労判713号57ページ）では、観光バス運転手が、バスガイドに対し、キスをし、下着をたくし上げ胸を触るなどの強制わいせつ罪にも当たる行為をしたことに対し、懲戒解雇を有効としています。

　一方で、直ちに犯罪行為に至らないようなセクハラのケース（強制わいせつ罪に当たらない程度の身体的接触、セクハラ発言等）は、慎重に検討する必要があります。例えば、このような行為が一度限りのケースでは、直ちに懲戒（諭旨）解雇とするのは無効となるリスクが高まります。このような場合には、行為態様のほか、役職、頻度、被害者の数、被害の程度、再犯性、反省の度合い等を総合的に考えて、判断することが必要です。

　例えば、Ｙ社(セクハラ・懲戒解雇)事件（東京地裁　平21. 4.24判決　労判987号48ページ）では、宴席上で、女性従業員の手を握り、肩を抱く等の身体的接触行為や、セクハラ発言をしていた支店長兼取締役を懲戒解雇した事案では、身体的な接触の点に関しては「いわゆる強制わいせつ的なものとは、一線を画す」と述べ、また、当該言動が宴席上という場での気のゆるみから来るものであること、当該言動が秘密裏で行われたものではなく、多数の従業員のいる前で開けっ広げに話されていること、反省等もしていることなどから、「労働者にとって極刑である懲戒解雇を直ちに選択するというのは、やはり重きに失する」として懲戒解雇を無効としています。

　一方で、学校法人Ｙ学園事件（東京高裁　平31. 1.23判決　判タ1460号91ページ）の裁判例においては、私立女子大学の教授が複数の女性職員や女子学生等に対してセクハラ行為（セクハラ発言、肩や腕などの身体的接触）を行った事案で、懲戒解雇処分を有効としていますが、ここで

は、セクハラ行為の反復継続性、反省がないこと、学科長としての高い地位を有していたことを重視して懲戒解雇を有効としています。なお、当該裁判例では「個々の行為を個別に処分すると仮定すれば、懲戒免職を選択するのは処分として重すぎるという判断に傾くものが多いことは事実である」としていることからも、単発の言動で直ちに懲戒（諭旨）解雇を行うことはリスクが高いといえます。

　以上を踏まえると、犯罪行為に該当するようなセクハラは別として、他の場合には、行為態様のほか、役職、頻度、被害者の数、被害の程度、再犯性、反省の度合い等を総合的に検討した上で、懲戒解雇の可否を決めることが肝要です。

🖝ここが重要！

□セクハラにおける懲戒（諭旨）解雇の可否を判断する場合には、犯罪行為に該当する非違行為であれば、比較的懲戒（諭旨）解雇は認められやすい

□それ以外の場合には、行為態様のほか、役職、頻度、被害者の数、被害の程度、再犯性、反省の度合い等を総合的に検討した上で懲戒（諭旨）解雇を検討する必要がある

ケース43 複数の部下から、パワーハラスメント（以下、パワハラ）の言動があると苦情の出ている部長がいます。昨今のパワハラの法制化に伴い、パワハラをする従業員に対しては厳罰に処すことを考えていますが、どのような場合に懲戒（諭旨）解雇できるのでしょうか。

トラブルポイント ■■■■■■■■■■■■■■■■■■■■■■■

★ パワハラを行った従業員に対する懲戒解雇事由の見極め

1．パワハラについて

　パワハラに関する法律上の規定は、労働施策総合推進法において定められ、2020年6月1日から施行されています。その中で、パワハラが認められるためには、①優越的な関係を背景とした言動、②業務上必要かつ相当な範囲を超えるもの、③労働者の就業環境を害すること、の三つの要件が必要とされています（同法30条の2第1項）。

労働施策総合推進法30条の2第1項

　職場において行われる優越的な関係を背景とした言動であつて、業務上必要かつ相当な範囲を超えたものによりその雇用する労働者の就業環境が害されること（以下略）

　パワハラに関する詳細については、「事業主が職場における優越的な関係を背景とした言動に起因する問題に関して雇用管理上講ずべき措置等についての指針」（令2.1.15　厚労告5）で詳細に定められています。当該指針では、パワハラの行為類型として、**[図表2-10]**の六つが挙げられています。

　そして、当該指針では、パワハラに関して事業主が講じるべき措置と

図表 2 −10　　パワハラの六つの行動類型

①身体的な攻撃（暴行・傷害）
②精神的な攻撃（脅迫・名誉棄損・侮辱・ひどい暴言）
③人間関係からの切り離し（隔離・仲間外し・無視）
④過大な要求（業務上明らかに不要なことや遂行不可能なことの
　強制・仕事の妨害）
⑤過小な要求（業務上の合理性なく能力や経験とかけ離れた程度
　の低い仕事を命じることや仕事を与えないこと）
⑥個の侵害（私的なことに過度に立ち入ること）

して、ハラスメントを行った者に対する厳正対処の方針および対処の内容を就業規則等の文書に規定することや、パワハラの事実が確認できた場合には、当該行為者に対して懲戒処分等の措置を適正に行うことも求めています。

　そのため、[図表 2 − 8]でも示したとおり、就業規則で定める懲戒解雇事由の一つとして、「素行不良で著しく社内の秩序又は風紀を乱したとき（ハラスメント行為を含む。）。」などといった内容が、各企業においても記載されているところです。

2．懲戒（諭旨）解雇を検討すべきパワハラとは

　では、どの程度のパワハラがあれば、懲戒（諭旨）解雇を検討すべきなのでしょうか。懲戒（諭旨）解雇は、労働者としての地位を失わせるものですので、労働契約を継続し難い事由が必要となります。具体的には、パワハラの行為態様、当事者の認識、行為の継続性、被害者の数、結果発生の有無（例えば、暴行でけがをした、うつ病等になった、退職した等）、被害者の落ち度、加害者の地位、再犯性、反省の度合い、通常の勤務態度等を総合的に考慮して判断することになります。

[1]暴行

　前記の点に関して、暴行と暴言のケースは少し異なるように思われます。暴行行為の場合には、犯罪行為にも該当しますので、基本的には暴言よりも厳格な処分を行うこととなります。例えば、事務局長という立場の従業員が、同僚に対して日頃から大声で怒鳴りつけていた上、他の従業員に対し足蹴り（暴行）をして7日間の傷害を負わせた事案では、諭旨解雇を有効としています（豊中市不動産事業協同組合事件　大阪地裁　平19.8.30判決　労判957号65ページ）。なお、この事案は指導上のケースではありませんが、事務局長という立場の人間がした行為である点は一つのポイントです。また、当該従業員は、仕事熱心で、事務処理能力も高く、それまで懲戒処分を受けていませんでしたが、それでも諭旨解雇が認められている点に留意が必要です。もっとも本件では、日頃から大声で怒鳴りつけている等の事情も含まれており、1回のみの暴行だけで直ちに懲戒（諭旨）解雇が有効となるかは別途検討が必要なところです。別の裁判例で、顔面を平手でたたき、加療5日間程度を要する顔面打撲を負わせた事案では、「行為態様の悪質性及び危険性は比較的小さく、傷害結果も比較的軽微なものであった」として、懲戒解雇を無効とした事案もあります（光商会事件　大阪地裁　平29.12.25決定）。暴行の場合には、結果の発生状況（例えば、骨折などの長期間の治療を要するけがをした等）や、行為の悪質性を踏まえて懲戒（諭旨）解雇の判断をすることになるかと思われます。

[2]暴言

　一方で、暴言の場合におけるパワハラの認定は、暴行よりもさらに慎重を要することになります。この点、ディーコープ事件（東京地裁　平28.11.16判決　労経速2299号12ページ）では、部下に対してパワハラ行為をしたとして懲戒解雇となった事案で、当該懲戒解雇を有効と判断しています。当該事案では、部下に対し、「アホ」「クビ」「辞めちまえ」と

いった言動を行ったり、「私は至らない人間です」という言葉を復唱させたりした行為を、業務上の指導の過程で行われているものの、業務上の指導の範疇を超えたものと認定しています。また、本事案では、複数の部下に対してハラスメント行為をしていること、一度ハラスメント行為に対し注意指導を受けた後に繰り返し行っていることについて悪質性を認定し、また、その結果として部下の1名が適応障害に罹患し傷病休暇を余儀なくされた点を認定しています。さらに、当該指導について、本人が反省しておらず、指導方法を変える意思がなかったことも認定されています。以上を踏まえると、暴言の場合には、被害者の人数や頻度、結果の重大性、再犯性、反省の度合い等を考慮して、懲戒（諭旨）解雇にまで達するだけの（労働契約を継続し難い）事由があるかどうかを検討することになります。

👉ここが重要！

□パワハラにおける懲戒（諭旨）解雇の可否を判断する場合には、パワハラの行為態様、当事者の認識、行為の継続性、被害者の数、結果発生の有無、被害者の落ち度、加害者の地位、再犯性、反省の度合い、通常の勤務態度等を総合的に考慮して判断することが適切である

ケース44　特定の従業員に対し、配転の辞令を出したのですが、当該配転を拒否する姿勢を示し、新しい配転先に来ません。このまま配転を拒否し続けるのであれば、懲戒解雇したいのですが、可能でしょうか。

トラブルポイント ■■■■■■■■■■■■■■■■■■■■■■■

* 配転命令拒否の従業員に対する懲戒解雇処分の可否

1．配転命令権の存在

　「配転」とは、従業員の配置の変更であり、職務内容または勤務場所が相当の長期間にわたって変更されるものをいいます（菅野和夫『労働法 第12版』［弘文堂］727ページ）。多くの企業では、正社員に対し、職種や職務内容、勤務地等を限定して雇用しているわけではなく、採用後の配転が想定されています。就業規則上も、「業務上の必要により配転を命ずることがある」等の規定が定められていることが一般的です。この場合、配転は、使用者による人事権の行使として業務命令によって行われることになります。このように基本的に配転の業務命令は使用者の広範な裁量によって広く認められているところです。

　ただし、配転命令も無制限に認められるわけではなく、業務上の必要のない場合や、業務上の必要性があったとしても不当な目的・動機がある場合、あるいは労働者に対し通常甘受すべき程度を著しく超える不利益を負わせる場合には、当該配転命令は権利濫用として無効となります（東亜ペイント事件　最高裁二小　昭61. 7.14判決　労判477号6ページ）。

2．配転命令を拒否した従業員に対する懲戒解雇の可否

　従業員が配転命令を拒否する場合、新たな配転先での業務を拒絶し（あるいは配転先自体に行かず正当な理由のない欠勤となり）、結果として労務提供を行わないことになりますので、義務違反の程度は大きくなります。そのため、使用者としては、労務の提供が受けられない以上、原則としては懲戒（諭旨）解雇あるいは普通解雇をベースとして検討することになります（有効とした事例につき、ケンウッド事件〔最高裁三小　平12. 1.28判決　労判774号７ページ〕、川崎重工業事件〔最高裁三小　平 4.10.20判決　労判618号６ページ〕等）。そのため、懲戒（諭旨）解雇の有効性としてまず検討すべきところは、前記 **1.** で述べた権利濫用に当たらないか否か、すなわち配転命令が有効であるか否かという点になります。実際にも、配転命令が無効と解され、それに基づく解雇が無効となった事例は少なからずあります（目黒電機製造事件〔東京地裁　平14. 9.30判決　労経速1826号３ページ〕、セネック事件〔東京地裁　平23. 2.21決定　労判1030号72ページ〕等）。

　もっとも、配転命令が有効であるからといって直ちに懲戒解雇も有効となるわけではありません。この点に関して、メレスグリオ事件（東京高裁　平12.11.29判決　労判799号17ページ）では、配転命令自体は有効としたものの、配転命令を拒否して出社しなかったことを理由に懲戒解雇をした事案において、当該懲戒解雇を無効としています。すなわち、本事案では、「配転命令自体は権利濫用と評されるものでない場合であっても、懲戒解雇に至るまでの経緯によっては、配転命令に従わないことを理由とする懲戒解雇は、なお、権利濫用としてその効力を否定されうる」とした上で、「被控訴人（筆者注：会社）は、控訴人（筆者注：従業員）に対し、職務内容に変更を生じないことを説明したにとどまり、本件配転後の通勤所要時間、経路等、控訴人において本件配転に伴う利害得失を考慮して合理的な決断をするのに必要な情報を提供しておらず、必要な手順を尽くしていない」とし、「懲戒解雇は、性急に過ぎ、生活の

糧を職場に依存しながらも、職場を離れればそれぞれ尊重されるべき私的な生活を営む労働者が配転により受ける影響等に対する配慮を著しく欠く」として懲戒解雇を無効としています。以上を踏まえると、少なくとも、配転を拒否した場合に直ちに懲戒解雇をするのではなく、本人に対し、必要な情報を提供した上で、説得・交渉をする等、手続きを尽くすことが必要であり、それでもなお配転拒否をし続ける場合に、初めて懲戒（諭旨）解雇や普通解雇を検討することとすべきでしょう。

☞ここが重要！

□配転命令が有効である場合、配転命令拒否に対しては、原則として懲戒（諭旨）解雇をベースとした懲戒処分を検討することが可能である

□ただし、配転命令拒否をされた場合に直ちに解雇処分を行うのではなく、まずは当該従業員と話をし、必要な情報を提供した上で、説得・交渉をする等、手続きを尽くすことが必要。その上でなお、配転命令を拒否し続けた場合に、処分を検討すべきである

⑩ 無断欠勤

ケース45 当社の懲戒解雇規定には、2週間、無断欠勤をした場合には懲戒解雇する旨の定めがあります。その場合、会社に連絡を入れず、行方不明となってから2週間経過した従業員に対し、この規定を適用してもよいでしょうか。自然災害で連絡が取れないような場合、規定適用の例外を認めるべきでしょうか。

トラブルポイント ■■■■■■■■■■■■■■■■■■■■■■■

★ 無断欠勤や、行方不明となった従業員に対する懲戒解雇規定の適用判断

1．無断欠勤による懲戒解雇の判断基準

　一般に、無断欠勤については、企業秩序を乱す行為として、就業規則上、懲戒事由として規定する会社は多いでしょう。さらに、無断欠勤を続ける従業員に対し、ある一定の日数の無断欠勤をもって懲戒解雇とする規定を設けているところも多々見られるところです。これは、会社に何の連絡も入れずに欠勤を一定期間継続することが、企業秩序を大きく乱す行為となるためです。

　では、実際に、無断欠勤は何日続いた場合に懲戒解雇処分を行ってよいのでしょうか。

　この連続無断欠勤従業員に対する懲戒解雇の可否については、厚生労働省の通達（昭23.11.11　基発1637、昭31.3.1　基発111）が参考になります。すなわち、当該行政通達では、労基法20条1項ただし書きの解雇予告が不要である場合の「労働者の責に帰すべき事由」の事例として、「2週間以上正当な理由なく無断欠勤し、出勤の督促に応じない場合」と

いう例が記載されています。

　そこで、連続無断欠勤における懲戒解雇を判断するための目安としては、「2週間」という日数を一つ考えることができます。実際にも、各企業の就業規則における懲戒解雇の事由には、「2週間」という日数が多く見られるところです。

　もっとも、この「2週間」という日数は、あくまで一つの目安であり、この日数の連続無断欠勤が行われれば、必ず懲戒解雇が可能であるというわけではありません。当然のことながら、解雇である以上、「社会的通念上相当」であることが必要となります。

　例えば、業務への影響がさほどなく、また出勤の督促や注意指導を行わない場合には、解雇が無効となる可能性がありますので、注意が必要です。実際に、大学が春休みの期間中の約1カ月間無断欠勤を行った大学教員に対し懲戒解雇処分を行った、栴檀学園事件（仙台地裁　平2.9.21決定　労判577号55ページ）では、①当該無断欠勤の期間は、春休みで学生に対する講義もないこと、②教授会も滞りなく開かれ、進級等の手続きも支障なく進められたため、大学の業務に大きな支障を来したものではないこと、③これまで無断欠勤について、本人に特に注意を与えてこなかったこと等を理由に、懲戒解雇を無効としています。

　このように、従業員に対する無断欠勤を理由とする懲戒解雇については、2週間という日数を一つの起点としつつも、実際の業務に対する支障の程度や、本人に対する過去の注意等も踏まえて、検討する必要があります。この点に関しては前記の行政通達でも、「出勤の督促に応じない場合」という要件も記載されているところです。

2．本ケースへの当てはめと就業規則

　では、ケースにあるような「自然災害で連絡が取れないような場合」はどうでしょうか。この点に関して参考となるのが、長栄運送事件（神戸地裁　平7.6.26決定　労判685号60ページ）です。本事案は、阪神・

淡路大震災により全壊した自宅の後片付けや家族の住居確保などで、14日以上の無断欠勤をしたことで懲戒解雇となった事案で、震災時の異常な諸事情を考慮して、平常時に適用される無断欠勤の懲戒解雇事由を適用することは妥当ではないとして、当該懲戒解雇を無効としています。この点を踏まえると、行政通達に記載のある「正当な理由のない無断欠勤」という要件も考慮する必要があると思われます。

　その観点から、[図表2-8]の就業規則例における懲戒解雇事由の中でも、こうした点を考慮して、「正当な理由なく無断欠勤が14日以上に及び、出勤の督促に応じなかったとき。」との規定を入れているところです。

👉 ここが重要！

□無断欠勤による懲戒解雇を検討する場合には、その前に出勤の督促を行い、また業務に支障を来していることが必要となる

□震災などの自然災害で連絡が取れないような場合には、形式的に懲戒解雇事由に該当することがあったとしても、直ちに懲戒解雇を行うことは避けたほうがよい

11 経歴詐称

ケース46　社員の履歴書に「海外留学経験あり」との記載があったものの、実際は半年ほど海外に滞在していただけの事実が発覚しました。語学力や業務遂行力に問題はないものの、懲戒規定にある「経歴詐称」に該当するため、懲戒解雇としてもよいのでしょうか。

トラブルポイント ■■■■■■■■■■■■■■■■■■■■

経歴詐称時の懲戒解雇の判断

1．経歴の申告と真実告知義務

　会社は労働者の採用を行う際、当該労働者の学歴や職歴、賞罰歴等のさまざまな経歴を考慮して適性を判断し、採用の是非を決めることになります。当然のことながら、履歴書等の応募書類への虚偽記載や、採用面接時における虚偽申告などが行われると、会社としては、当該労働者の適性に関する適切な判断ができなくなってしまいます。

　そのため、裁判例上においても、雇用しようとする者に対して、企業側から必要かつ合理的な範囲内で経歴等に関する申告を求めた場合には、当該労働者も信義則上、真実を告知する義務を負うとされています。例えば、炭研精工事件（東京高裁　平 3. 2.20判決　労判592号77ページ）においては、「雇用関係は、労働力の給付を中核としながらも、労働者と使用者との相互の信頼関係に基礎を置く継続的な契約関係であるということができるから、使用者が、雇用契約の締結に先立ち、雇用しようとする労働者に対し、その労働力評価に直接関わる事項ばかりでなく、当該企業あるいは職場への適応性、貢献意欲、企業の信用の保持等企業秩

序の維持に関係する事項についても必要かつ合理的な範囲内で申告を求めた場合には、労働者は、信義則上、真実を告知すべき義務を負う」としているところです（同事件の最高裁判決〔最高裁一小　平 3. 9.19判決　労判615号16ページ〕もこれを維持）。

2．経歴詐称と懲戒基準

　経歴詐称に関しては、この真実告知義務違反により、通常、多くの企業において懲戒事由とされています。もっとも、それは、「重大な経歴」に関する詐称に限定されており、裁判例でも、「その前歴詐称が事前に発覚したとすれば、使用者は雇入契約を締結しなかつたが、少なくとも同一条件では契約を締結しなかつたであろうと認められ、かつ、客観的にみても、そのように認めるのを相当とする、前歴における、ある秘匿もしくは虚偽の表示」を指すとされています（神戸製鋼所事件　大阪高裁　昭37. 5.14判決　労民13巻 3 号618ページ。同様の趣旨において、日本鋼管鶴見造船所事件〔東京高裁　昭56.11.25判決　労判377号30ページ〕等）。[図表 2 - 8]の就業規則例にも記載しましたが、「重要な経歴を詐称して雇用されたとき。」といった懲戒解雇事由を記載することが一般的です。

3．本ケースへの当てはめと対応

　本ケースでは、例えば、「海外留学経験」自体が重視され、その経験を必須条件として採用していたり、通常の賃金よりも高い賃金で雇用していたりした場合には、背信性の高い事案となるでしょう。一方で、留学経験という点を重視するのではなく、語学力について重視していたということであれば、「語学力や業務遂行力に問題はない」ということですので、直ちに懲戒解雇を行うには「重大な経歴」に関する詐称といえるか、疑義が生じるところです。この点、グラバス事件（東京地裁　平16.12.17判決　労判889号52ページ）では、プログラミング能力があるかのごとく

経歴書において記載して採用された労働者が、実際には当該能力を有していなかったことをもって懲戒解雇が有効とされた事案があります。この裁判例においては、経歴書に記載された内容を踏まえて、実際に業務遂行ができていなかった点も判断しています。

　このように、「重大な経歴」という点については、詐称された経歴の内容と、この詐称によって採否や労働条件に影響したかどうか、業務遂行に支障が生じたかどうかなどを踏まえて検討することになります。

☞ ここが重要！

□経歴詐称について懲戒処分ができるのは、「重大な経歴」に限られ、具体的には、採用過程における当該経歴の重要性や、採否、労働条件への影響、業務遂行への支障の度合いを踏まえて判断することになる

12 私生活上の犯罪行為

ケース47　従業員が痴漢行為で逮捕されたことが判明しました。特段ニュース等で会社名が出ていなくても、犯罪行為をすれば懲戒解雇できるのでしょうか。

トラブルポイント

報道等がなされていない、私生活上の犯罪行為に対する懲戒解雇

1．私生活上の非違行為と懲戒処分の可否

　懲戒処分とは、企業秩序を維持し、企業の円滑な運営を図るために、企業秩序を乱すような非違行為をした労働者に対し科す制裁罰です。この点、私生活上の非違行為は、企業内での出来事ではない以上、直ちに企業秩序を乱すような行為には該当しませんので、原則として、企業秩序維持のための懲戒処分を行うことはできません。

　もっとも、私生活上の非違行為であっても、企業秩序に直接の関連を有するもの（例えば、業務に支障を生じさせるような結果となった場合等）、あるいは企業の社会的信用を毀損するような行為をした場合には、懲戒処分の対象とすることが可能です。裁判例においても、「会社がその名誉、信用その他相当の社会的評価を維持することは、会社の存立ないし事業の運営にとって不可欠であるから、会社の社会的評価に重大な悪影響を与えるような従業員の行為については、それが職務遂行と直接関係のない私生活上で行われたものであっても、これに対して会社の規制を及ぼしうることは当然認められなければならない」として懲戒処分を行うことを認めているところです（日本鋼管事件　最高裁二小　昭49．3.15判決　労判198号23ページ）。

　その上で、この会社の信用毀損の基準についても、「当該行為の性質、情状のほか、会社の事業の種類・態様・規模、会社の経済界に占める地位、経営方針及びその従業員の会社における地位・職種等諸般の事情から綜合的に判断して、右行為により会社の社会的評価に及ぼす悪影響が相当重大であると客観的に評価される場合でなければならない」としています（同裁判例）。

　また、社会的評価の毀損に関しては、必ずしも報道等がなされる必要はありません。裁判例においても、報道等により世間に知られることがなかった事案においても、「社会的評価の毀損をもたらす」と判断しています（例えば、東京メトロ［諭旨解雇・本訴］事件〔東京地裁　平27.12.25判決　労判1133号５ページ〕等）。

2．私生活上の犯罪行為と懲戒（諭旨）解雇

　では、本ケースのように、私生活上の犯罪行為においてはどういった場合に懲戒解雇とすることができるでしょうか。判断のポイントは、主に五つあります[図表2－11]。

[1]犯罪行為による懲戒解雇の有効例

　一般的には、業務に深く関連する罪を犯した場合（[図表2－11]②関連）には、懲戒解雇が有効となる可能性は高まり、運送系の企業での飲酒運転の事案では、解雇が有効となっているケースが多く見られます。例えば、「被告が大手の貨物自動車運送事業者であり、原告が被告のセールスドライバーであったことからすれば、被告は、交通事故の防止に努力し、事故につながりやすい飲酒・酒気帯び運転等の違反行為に対しては厳正に対処すべきことが求められる立場にある」として貨物自動車運送事業者であることが重視されています（ヤマト運輸事件　東京地裁平19. 8.27判決　労経速1985号3ページ。ほかにも、京王帝都電鉄事件〔東京地裁　昭61. 3. 7決定　労判470号85ページ〕等）。

　また、電鉄会社の従業員が電車内で痴漢行為をし、懲戒解雇された事案（小田急電鉄[退職金請求]事件　東京高裁　平15.12.11判決　労判867号5ページ）では、電鉄会社の社員であること（[図表2－11]②関連）、「痴漢行為が被害者に大きな精神的苦痛を与え、往々にして、癒しがたい心の傷をもたらすものであること」「条例違反で起訴された場合には、そ

　　　図表2－11　　私生活上の犯罪行為をした従業員に対する
　　　　　　　　　　懲戒解雇の判断ポイント

①犯罪の内容や性質
②犯罪行為と業務の関係（事業の性質、地位、職種）
③再犯の有無
④これまでの勤務態度
⑤報道の有無　　等

の法定刑だけをみれば、必ずしも重大な犯罪とはいえないけれども、（中略）被害者に与える影響からすれば、窃盗や業務上横領などの財産犯あるいは暴行や傷害などの粗暴犯などと比べて、決して軽微な犯罪であるなどということはできない」こと（以上につき、同①関連）、半年前に同種の痴漢行為で罰金刑に処せられていること（同③関連）を理由に懲戒解雇を有効としています。

[2]犯罪行為による諭旨解雇の無効例

　一方で、同様の電鉄会社の社員による痴漢行為に対して諭旨解雇を下した事案で、当該諭旨解雇を重きに失するとして無効とした事案もあります（前記東京メトロ［諭旨解雇・本訴］事件）。この裁判例では、業務に深く関連していますが（[図表2−11]②関連）、条例違反で刑罰の内容を考慮すると比較的悪質性が低いこと（同①関連）、マスコミ報道をされておらず、本件行為が社会的に周知されることはなかったこと（同⑤関連）、勤務態度は問題なかったこと（同③④関連）等を主な理由として諭旨解雇処分を無効としています。

　このように、[図表2−11]の①ないし⑤のようなポイントを考慮しつつ、最終的に懲戒解雇の判断を行うことになります。

3．本ケースへの当てはめ

　本ケースは、従業員が痴漢行為で逮捕されたということで、特段ニュース等で会社名が出ていないとのことですが、企業としてこうした犯罪行為に対し厳罰に処したいと考えることは理解できます。もっとも、ニュース等になっていないことで社会一般に周知されているわけではありませんので、当該会社や当該従業員の業務との関連性や再犯の有無、日頃の勤務状況などを踏まえて、最終的に懲戒解雇の可否を慎重に検討することが必要となります。

☞ここが重要！

□私生活上の非違行為は、原則として懲戒解雇を含めた懲戒処分は
　できないが、業務に支障を生じさせた場合や、企業の社会的信用
　を毀損するような行為に対しては処分可能である

□社会的信用を毀損したかどうかは、必ずしも報道等で社会一般に
　周知されたかどうかは問わないが、懲戒解雇の検討をする上では
　一つの重要な要素となる

□私生活上の犯罪行為に対する懲戒解雇は、①犯罪の内容や性質、
　②犯罪行為と業務の関係（事業の性質、地位、職種）、③再犯の有
　無、④これまでの勤務態度、⑤報道の有無等を総合的に判断して
　決定する

ケース48　有期契約労働者を、契約期間の途中でいわゆる「雇止め」することは可能でしょうか。

トラブルポイント

有期契約労働者の期間途中の解雇

1. 雇止めと解雇の講学上の相違

有期労働契約は、雇用期間を定めた労働契約ですが、労働契約の終了は、契約期間の途中であったり、満了時であっても法律上可能となっています。そして、[図表2−12]のように、雇用期間満了時に更新をせずに契約を終了することを「雇止め」と呼び、雇用期間の途中に雇用を終了させることは「解雇」として区別しています。

そのため、本ケースのように契約期間の途中で雇用を打ち切ることは「雇止め」ではなく、「解雇」として行うことになります。

図表2−12　雇止めと解雇の相違

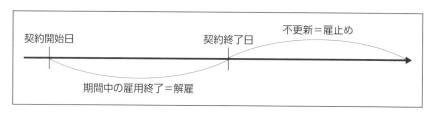

2．雇止めと解雇の大きな相違

　このように講学上、雇止めと解雇は区別されていますが、区別する理由はその有効性の判断枠組みが異なるためです。

　雇止めの場合は、労契法19条各号の事由に該当しなければ、解雇に類する判断枠組みによって判断されることがないところ、有期労働契約の労働者の期間途中の解雇では、同法17条１項に定めるとおり、「やむを得ない事由」がなければ解雇できないこととなっており、判断枠組みが大きく異なります。

　この「やむを得ない事由」とは、期間の定めのない労働契約での解雇における「客観的に合理的な理由を欠き、社会通念上相当であると認められない場合」（労契法16条）よりも厳格な要件となっており、「期間満了を待つことなく直ちに雇用を終了させざるを得ないような特別の重大な事由がある場合」と解されています（K社事件　東京地裁　平29. 5.19判決　労経速2322号７ページ）。実際に、有期契約労働者の解雇が認められた例は少数にとどまり、本裁判例においては社内暴力を理由とした期間途中の諭旨解雇（後に、退職願を提出しなかったため、懲戒解雇）でしたが、当該解雇は無効となりつつも雇止めとしては有効となりました。

　参考として、有期契約労働者の期間途中の解雇が認められた例として、Y１社ほか事件（東京地裁　平30. 2.26判決）があります。この事案ではマンション管理業務を受託する会社の有期契約労働者であった管理人に、管理人としての資質等について疑念を抱かせる内容の少なくない数の苦情が住民らから寄せられており、その改善も見られなかったほか、著しい勤務懈怠が認められる事情があり、さらに、当該管理人が勤務時間中に同業の他社へ就労し、かつ、これらの事実の発覚を免れるための行為を積極的に行っていたため、悪質と評価され、労働契約における信頼関係を破壊するに足りるものと評価されました。このように、「やむを得ない事由」によって、有期労働契約の期間途中の解雇は厳しいものとなっています。

3．実務上の対応

　上記のように、有期契約労働者の期間途中での解雇は可能であるもののその有効性は厳格に判断されるため、実務上、有期契約労働者の解雇は慎重に検討すべきものとなります。そのため、期間途中の解雇ではなく、労働契約期間の満了まで待つことができるのであれば、雇止めによって雇用の終了の検討が適切なことが往々にしてあります。

　トラブルを防止する点で、労働契約期間中の拙速な解雇は避け、問題行動の程度を考慮して検討するとよいでしょう。

☞ ここが重要！

□雇止めと解雇の相違

　✔雇止めとは、労働契約期間満了時に契約を更新しないこと

　✔解雇とは、労働契約期間中に雇用を一方的に終了させること

　✔雇止めよりも解雇のほうが有効性を厳格に判断される

　✔解雇については慎重に検討し、まず、雇止めが可能であるかどうかの対応を検討する必要がある

ケース49　業績不振により、有期契約労働者の期間途中の解雇を検討しています。当該従業員の希望により、5年を超えて複数回の契約更新を行っていますが、無期転換はしていません。こうした場合、解雇の有効性は正社員と同様になるのでしょうか。また、解雇に当たって、正社員と同様に退職金等も支給すべきでしょうか。

トラブルポイント

* 有期契約労働者と整理解雇

1．有期契約労働者と整理解雇法理

　通算して契約期間が5年を超えて更新を重ねた有期契約労働者には、無期労働契約に転換することを請求できる権利（無期転換権）が発生しますが、無期転換権を行使しなければ有期契約のままとなります。本ケースにおいては、無期転換権は発生しているものの、それを行使していないようですので、有期契約の状態にあります。そして、整理解雇を行う場合には有期契約労働者であっても整理解雇法理によって解雇の有効性が判断されることとなりますので、整理解雇の考え方自体は、無期契約と有期契約では異ならないものとなります。

　ただし、有期契約労働者の場合、雇用期間途中での解雇の場合には、「やむを得ない事由」（労契法17条1項）がなければならないため、正社員のような無期の労働契約の場合の解雇よりも厳格に判断されるものとなっています（**ケース48**参照）。このことは、「期間満了を待つことなく直ちに雇用を終了させざるを得ないような特別の重大な事由がある場合」（K社事件　東京地裁　平29.5.19判決　労経速2322号7ページ）と解されており、かなり厳格な要件となっています。

したがって、無期契約の場合における整理解雇の4要素を満たすことに加えて、契約期間満了前に解雇をしなければならないほどの事情の有無が特に検討されることになると考えられます。

2．有期契約労働者と無期契約労働者の優先劣後

無期契約労働者の場合の整理解雇法理における解雇回避努力として、有期契約労働者の削減を優先して行うことが求められることがあります。この点、アイレックス事件（横浜地裁　平18. 9.26判決　労判930号68ページ、東京高裁　平19. 2.21判決　労判937号178ページ）では、「期間を定めずに雇用される正社員と、一時的に雇用される臨時的社員では、雇用の継続に対する信頼に差があることは明らかであるから、特に臨時的社員を削減することを困難とする事情がない限り、正社員に対する整理解雇は、臨時的社員を削減した上で行われるべきものである」と判示されており、先に有期契約社員の削減を行うべきものと判断しています。

このように有期契約労働者を無期契約労働者よりも優先して人員削減すべきとの判断枠組みとなっており、片や有期労働契約の期間途中の解雇は無期契約労働者よりも厳格に判断されています。

したがって、実務上の対応としては、雇止めによる雇用の終了か、退職勧奨（合意退職）を行うことが穏当であり、それらの手段を講じても雇用維持ができない状態となったときに、整理解雇法理を充足するか検討した上で整理解雇を行うことが現実的な選択となるでしょう。

3．有期契約労働者に対する退職金支給

有期契約労働者には退職金を支給しないとする会社が多いですが、いわゆる「同一労働同一賃金」（パートタイム・有期雇用労働法8条参照）として、無期契約労働者と同様に退職金を支給しなければならないものでしょうか。

この点、メトロコマース事件（最高裁三小　令 2.10.13判決　民集74巻

7号1901ページ）においては、「業務の内容及び当該業務に伴う責任の程度（職務の内容）」「職務の内容及び配置の変更の範囲」の相違から、有期契約労働者に対する退職金の不支給について不合理と判断しませんでした。

この最高裁判決の判旨を踏まえると、事案によって異なるところはありますが、有期契約労働者と無期契約労働者の責任や、職務内容、配置の変更の範囲等が異なるのであれば、有期契約労働者に対して退職金を支給しないことは「業務の内容及び当該業務に伴う責任の程度」「職務の内容及び配置の変更の範囲」の相違から考えて、不合理ではないと判断される可能性が高いところです。そのため、このような相違がある場合には、使用者としては、最高裁判決から、有期契約労働者に無期契約労働者と同様に退職金を支給しなければならないわけではないと考えておいてよいといえるでしょう。

なお、整理解雇における不利益緩和措置として退職勧奨等を行う場合に、規定上の退職金ではなく、退職加算金を支給する条件を提示することは解雇回避努力として考慮されるものとなります。そのため、退職金自体は支給しないとしても、整理解雇を行うに当たって退職加算金の支給の検討を行うことは、解雇の有効性を高める上で重要といえます。

☞ここが重要！

□**有期契約労働者と整理解雇**

✔有期契約労働者にも整理解雇法理が適用されるが、無期契約労働者よりも厳格に判断される

□**無期契約労働者との比較**

✔無期契約労働者と比較して、有期契約労働者を優先して人員削減すべきとの判断もなされることから、有期契約労働者の整理解雇に当たっては、可能な限り雇止めや退職勧奨で対応し、それでも解雇とすることがやむを得ないといえる場合に整理解雇を行うことが重要である

□**有期契約労働者に対する退職金の支給**

✔有期契約労働者に対して退職金を支給しなければならないわけではないが、解雇回避努力として退職加算金の支給を検討することが重要である

3章

雇止め

❶ 契約の更新拒絶

ケース50 有期契約労働者については、雇用期間が満了すれば、契約更新をしなくてもよいのでしょうか。

トラブルポイント ▪▪▪▪▪▪▪▪▪▪▪▪▪▪▪▪▪▪▪▪▪▪▪▪▪▪▪▪
雇用期間の満了による雇用終了の有効性

1．雇止め

　雇用期間を定めた有期労働契約は契約期間の満了によって終了となることが原則となっています（「『労働契約法の施行について』の一部改正について」平30.12.28　基発1228第17の第5の5の(1)）。そのため、労働者および使用者に雇用期間満了で契約を更新する意思がなければその時点で労働契約を更新しなくてよいことになりますが、労働者が労働契約の更新を申し込んだことに対して、使用者がこれを断ることによる雇止めがトラブルになることがあります。そして、雇止めについては、一定の場合にはこれを認めず、有期労働契約が締結または更新されたものとして取り扱う判例法理が形成されており（いわゆる「雇止め法理」）、これらが労契法19条において条文化されました。

2．雇止め法理

　労契法19条による判断枠組みを端的に説明すると、最初に同条各号の該当性を判断し、いずれかに該当する場合に、解雇権濫用法理と類似した客観的合理的理由および社会通念上の相当性の有無によって雇止めの有効性を判断する2段階の審査となっています。
　これを図示すると、[**図表3－1**]のようになります。

図表3−1　雇止めの有効性の判断枠組み

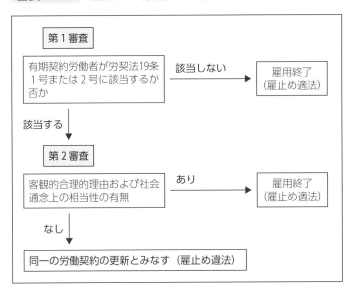

3．労契法19条1号および2号

　労契法19条1号は、有期労働契約が期間の満了ごとに当然更新を重ね
てあたかも期間の定めのない契約と実質的に異ならない状態で存在して
いた場合には、解雇に関する法理を類推すべきであると判示した東芝柳
町工場事件最高裁判決（最高裁一小　昭49. 7.22判決　労判206号27ペー
ジ）の要件を規定したものとされています（前記**1.**の通達第5の5の(2)
イ）。つまり、この事由は、有期労働契約の更新を自動的に行うなど、実
質的に無期の労働契約ともいうべき状態になっている場合には、雇止め
を解雇と同様に考えることを定めたものとなります。

　また、同法19条2号は、有期労働契約の期間満了後も雇用関係が継続
されるものと期待することに合理性が認められる場合には、解雇に関す
る法理が類推されるものと解せられると判示した日立メディコ事件最高
裁判決（最高裁一小　昭61.12. 4判決　労判486号6ページ）の要件を規
定したものとされています（前記**1.**の通達第5の5の(2)イ）。つまり、

この事由は、有期契約労働者に雇用継続への合理的な期待（契約が更新されることへの期待が妥当なものといえること）が生じているような場合には、雇止めを解雇と同様に考えることを定めたものとなります。実務上、契約の更新手続を適正に行っている場合であれば、同条1号に該当する例は多くはなく、2号の事由の該当性が問題となることが多いです。

そして、上記各号の該当性については、以下の要素等を総合考慮して個々の事案ごとに判断されます（前記**1.**の通達第5の5の(2)ウ）。

- 当該雇用の臨時性・常用性
  - ➤ 常用性が高ければ雇用継続への期待が生じる
- 更新の回数・手続き
  - ➤ 更新の回数が多ければ雇用継続への期待が生じる
  - ➤ 更新の手続きが杜撰（ずさん）な場合には、実質的に無期の労働契約と同視できる事情になり得る
- 雇用の通算期間
  - ➤ 雇用の通算期間が長ければ雇用継続への期待が生じる
- 契約期間管理の状況
  - ➤ 契約期間の管理が杜撰な場合には、実質的に無期の労働契約と同視できる事情になり得る
- 雇用継続の期待を持たせる使用者の言動の有無
  - ➤ このような言動は雇用継続への期待が生じるものとなる

つまり、実務において1号・2号の該当性を判断する上では、契約の更新の手続きが重要な点になります（**ケース52**参照）。

4．客観的合理的理由および社会通念上の相当性

労契法19条の「客観的に合理的な理由を欠き、社会通念上相当であると認められない」との文言は、解雇権濫用法理を定めた同法16条の文言

と同じものとなっています。

　この客観的合理的な理由は、基本的には労働契約書において明示する更新の考慮事由（一般的には、契約期間満了時の業務量、労働者の勤務成績、態度、能力、健康状態、会社の経営状況、従事している業務の進捗状況が主な考慮事由となり、契約書に明記する必要があります）に該当するか否かによって判断されます。さらに、社会通念上の相当性は更新を拒絶する理由が妥当なものであるか否かによって判断され、原則的には解雇の場合と同程度の理由が求められるものとなります。

　もっとも、有期雇用であることから、解雇の場合と同程度の事由がなければ、雇止めがすべて認められないのかが問題となるでしょう。

　この点について、前記日立メディコ事件において、雇止めの効力の判断においては、期間の定めのない労働契約を締結している者の解雇の場合とはおのずから合理的な差異があると判断しており、雇止め法理としては解雇権濫用法理よりも厳格ではないと考えられています（もっとも、雇止めが解雇と比べて格段に容易になるものではありません）。また、近時の裁判例においても同様に判断されています（日本航空［雇止め］事件〔東京高裁　平24.11.29判決　労判1074号88ページ。上告不受理により確定〕、いすゞ自動車［雇止め］事件〔東京高裁　平27. 3.26判決　労判1121号52ページ〕等）。

　ただし、労契法19条１号と２号の事由を比較した場合、１号の事由が実質的に無期の労働契約と同視できる場合に該当するものであることから、その場合の審査は２号の事由よりも厳しくなると考えられています（ラボ国際交流センター事件　東京地裁　平28. 2.19判決　労経速2278号18ページ）。

　これらを整理すると、１号に該当する場合は解雇の場合と同程度の厳格な判断がなされ、２号に該当する場合はそれよりも厳格な判断となるものではないということになります。

5．まとめ

　有期労働契約を期間満了時に更新しないこと自体は可能ですが、有期契約労働者が労契法19条1号または2号に該当する場合には、解雇ほどではないにしても、解雇に類似した事由がなければ雇止めが無効となり、労働契約が同一の条件で更新されることになるので、雇止めを行う際にはこの点に留意する必要があります。

👉ここが重要！

□雇止め法理

- ✓雇用期間の満了によって必ず雇用が終了するわけではなく、雇止め法理が適用されることにより、労働契約が更新されてしまう場合がある
- ✓雇止め法理として、労契法19条1号または2号に該当する場合には、原則として解雇に類似した事由がなければ雇止めが無効となることに留意する

ケース51　出産・育児を控えた有期契約労働者を契約期間満了により雇止めしたいのですが、問題ないのでしょうか。

トラブルポイント

＊出産・育児を控えた有期契約労働者の雇止めが不利益取り扱いに当たる可能性

1．妊娠・出産等を理由とする不利益取り扱い

　妊娠・出産等を理由とする解雇その他の不利益な取り扱いは、均等法9条3項によって禁止されており、これらを理由とした雇止めを行うことも同法による禁止の対象となります（「労働者に対する性別を理由とする差別の禁止等に関する規定に定める事項に関し、事業主が適切に対処するための指針」平18.10.11　厚労告614、最終改正：平27.11.30　厚労告458の第4の3の(2)ロ）。また、育児休業を取得する場合も同様に育介法10条で上記の不利益取り扱いが禁止されています。

　したがって、出産・育児を控えた有期契約労働者に対し、出産・育児を理由とした雇止めを行う場合には、上記法令に違反し、客観的合理的理由および社会通念上の相当性（労契法19条）が認められず問題があることになり、雇止めは無効となります。

2．妊娠・出産等を理由とする不利益取り扱いの判断

　均等法は妊娠・出産等を「理由とする」不利益取り扱いを禁止していますので、これを「理由とする」もの（すなわち、因果関係があること）でなければ、雇止めは直ちに無効となるものではないことになります。そして、妊娠・出産・育児休業等の事由を「契機とし」不利益取り扱いを行った場合は、原則として「理由として」いると解され、同法9条の違反と解されています。この「契機とし」て不利益取り扱いを行ったか否かは、原則として妊娠・出産・育児休業等の事由の終了から1年以内に不利益取り扱いがなされた場合は「契機とし」ていると判断されるものとされています（平18.10.11　雇児発1011002、平27. 1.23　雇児発0123第1）。この判断のフローとして、**[図表3−2]**が参考になります。

3．雇止めの可否

　上記のとおり、妊娠・出産が発覚した後に雇止めを行う場合には、これと近接した時点でのことになるものと思われ、上記の「契機」性が肯

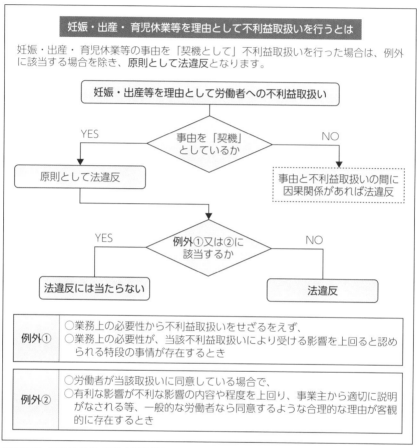

図表3-2　妊娠・出産・育児休業等を理由とする不利益取り扱いの判断

妊娠・出産・育児休業等を理由として不利益取扱いを行うとは

妊娠・出産・育児休業等の事由を「契機として」不利益取扱いを行った場合は、例外に該当する場合を除き、原則として法違反となります。

妊娠・出産等を理由として労働者への不利益取扱い

事由を「契機」としているか

YES → 原則として法違反

NO → 事由と不利益取扱いの間に因果関係があれば法違反

例外①又は②に該当するか

YES → 法違反には当たらない

NO → 法違反

例外①	○業務上の必要性から不利益取扱いをせざるをえず、 ○業務上の必要性が、当該不利益取扱いにより受ける影響を上回ると認められる特段の事情が存在するとき
例外②	○労働者が当該取扱いに同意している場合で、 ○有利な影響が不利な影響の内容や程度を上回り、事業主から適切に説明がなされる等、一般的な労働者なら同意するような合理的な理由が客観的に存在するとき

資料出所：厚生労働省 都道府県労働局雇用環境・均等部（室）「職場における妊娠・出産・育児休業・介護休業等に関するハラスメント対策やセクシュアルハラスメント対策は事業主の義務です！！」４ページより抜粋。

定されて、妊娠・出産を「理由とする」雇止めと推定されてしまう可能性が高いところです。

　ただし、業務上の必要性が例外として挙げられていることもあるため、①妊娠・出産を理由とするものではないといえる具体的な事情、たとえば会社の経営上の事情（業務の消滅等）や、労働者本人の妊娠・出産と

は関係のない業務上の問題（勤怠不良や能力不足等）を具体的に挙げることができ、②雇止めの理由が客観的合理的及び社会通念上相当なものであれば、雇止めを行っても均等法9条3項の不利益取り扱いとして無効となるものではないことにはなります。

　もっとも、妊娠・出産が発覚した後の雇止めでは、妊娠・出産を理由とするものと推定されやすいため、雇止めを行う場合には、通常の雇止め以上にハードルが上がることに留意する必要があります。そのため、労働者本人と契約関係についての協議が可能であるならば、一方的に雇止めを行うのではなく、契約を更新しないことの必要性を十分に説明し、雇用終了に伴う不利益緩和として、例えば退職一時金の提案をするなどして退職勧奨を行い、対象の労働者から退職について自由な意思による同意を取得することで合意退職とすることが、実務において紛争を回避する上で適切かつ妥当なものといえます。なお、この手法による場合は、合意書を締結することで紛争を防止するとよいでしょう。

　もし、上記協議の結果、退職の合意に至らない場合には、上記の検討を踏まえ、紛争リスクを考慮した上で、雇止めを実施するか否かを最終的に判断することになります。

☞ ここが重要！

□妊娠・出産等を理由とする不利益取り扱い

- ✓妊娠・出産等を予定している労働者の雇止めはそれを理由とするものと推定され、雇止めが無効となりやすいため、雇止めを行う場合には、妊娠・出産等を理由とするものではないと説明できるようにすることが重要である
- ✓紛争の回避のために、退職勧奨の検討も適切かつ妥当な手段となる

❷ 自動更新

ケース52 有期労働契約締結時に、「仕事ぶりを見て、更新をする」旨伝えていました。実際には、その後数年、自動更新をしてきましたが、不況のため、雇止めせざるを得なくなってしまいました。雇止めしても問題ないのでしょうか。

トラブルポイント

* 自動更新をしていた場合の雇止めの可否

1．自動更新

　有期労働契約は雇用期間が定まっており、雇用期間終了後に次の契約を締結して有期労働契約を更新することが適切な更新の手続きです。ところが、最初の労働契約締結時に、例えば「自動的に更新する」という文言を契約書に入れて、そのまま特に契約書を交わさずに契約を自動的に更新し続けることがあります。これを一般的に「自動更新」と呼んでいます。

2．自動更新の問題点

　自動更新は、更新時に契約書を締結しないため、契約管理として簡便なものであり、例えば業務委託契約等においてよく見られる条項ですが、労働契約において自動更新条項を用いると、以下の問題があります。

　ケース50において述べたとおり、雇止めは無制限ではなく、雇止め法理（労契法19条）によって制限されています。そして、自動更新の場合は、契約を更新していることになるものの実質的には雇用期間の上限がないものと等しく、また、自動的に更新となるため雇用継続への合理的

期待もそれだけで生じてしまうことから、同法19条1号および2号のいずれの事由にも該当することになります（自動更新条項のほか、契約更新手続きが形骸化していたなどの事情により同条1号該当性が認められた事案として、エヌ・ティ・ティ・ソルコ事件〔横浜地裁　平27.10.15判決　労判1126号5ページ〕があります）。

　そのため、自動更新によって契約を重ねてきた場合には、有期労働契約といえども、解雇相当の事由がなければ雇止めが無効となってしまいます。さらに、無期の労働契約でもないことから、契約期間中の解雇は「やむを得ない事由」（労契法17条1項）がなければ有効とならず、無期の労働契約よりも解雇のハードルが高いものとなっていますので、契約期間途中の解雇もかなり難しく、一方的な雇用終了（解雇・雇止め）が困難となってしまう問題があります。

3．対処法

[1]更新手続きの内容

　そもそも論となりますが、有期労働契約においては自動更新条項を設けず、契約の更新を行うならば、毎回、労働契約書を締結して更新手続きを行うことが適切な運用です。

　具体的には、以下等により更新手続きを進めることが望ましいでしょう。

- 雇用期限前に更新の手続きとして労働契約書を取り交わすこと
  （更新していないまま就労させないこと）
- 更新手続きの際に面談を行うこと
  （労働者からの更新に関する意向の確認と更新条件の提示、従前の契約で見られた改善すべき点があればその指摘等）

　これらの手続きを怠り、契約更新手続きが形骸化しているものと判断されると、前記エヌ・ティ・ティ・ソルコ事件と同様に、労契法19条1号該当性が肯定されることになりかねません。

[2]自動更新条項を設けている場合の雇止め

　自動更新条項を設けていた場合に雇止めを行うには、実質的に解雇に相当する理由が必要となるため、雇止め前に解雇に準じた検討を行い、解雇理由として不足しているならばその理由を積み上げることで対処することが適切な対応といえます。あるいは、一定程度解雇相当の事情が存在するならば、退職勧奨によって合意退職とすることも一策です。

　本ケースの場合には、最初に仕事ぶりを見て更新することを伝えていたものの、自動更新によって更新手続きを行っていない事情があることから、労契法19条1号の事由に該当することになります。その場合、雇止めには、解雇相当の事情が必要となりますが、その理由が不況によるものですので、整理解雇法理による検討を行って雇止めの有効性を吟味し、不足する要素を補えるかを考慮することになります。ただし、不況の場合は長期的な対応も困難と思われますので、解雇回避努力を兼ねて、雇止めではなく、退職勧奨によって合意退職を目指すことが最善な対処と考えられます。

4．途中から自動更新を行わない場合

　本ケースからそれますが、自動更新条項を次の更新の時に外して更新手続きを行った場合の雇止めは、どうなるでしょうか。

　この点、既に自動更新条項によって更新手続きを行っていた事実があり、労契法19条1号に該当してしまう可能性もありますが、自動更新条項を外し、更新手続きを行った後の時点であれば、無期労働契約と同視できる場合に該当しないと考えられ、同法19条1号該当性を否定する事情として用いることができると思われます。ただし、この場合でも既に雇用継続への合理的期待が生じていたこととなり、自動更新ではなくなったとしてもその期待が消滅するものではないため、同法19条2号には該当するものとなり、いずれにせよ客観的合理的理由および社会通念上の相当性が雇止めの際に必要となります。

　なお、自動更新条項を外して契約の更新を行う場合には、労働条件として不利益なものとなるため、説明が十分でないと、更新を行ったとしても労働者の同意が自由な意思によるものではないとして、合意が否定される可能性もあることに留意する必要があります。

☞ここが重要！

□**自動更新条項の問題点**

　✔自動更新の場合の雇止めでは解雇相当の事情が必要となり、雇止めが困難となる問題がある

　✔上記により、自動更新条項は設けるべきではない

□**契約の更新手続き**

　✔毎回、労働契約書を締結して更新手続きを行い、適切な運用をすべきである

□**自動更新条項のある場合の対処**

　✔解雇相当の理由が必要なため、解雇に準じた検討を行うが、退職勧奨による方法を検討することが最善策となる

3 条件変更を理由とする雇止め

ケース53 有期契約労働者の一部から、「正社員と同じような業務をしているのだから、賞与を支給してほしい」という申し出がありましたが、会社として労働条件の変更には応じられないので、次回の契約更新の際には賞与なしとする同一の条件で提示します。当該労働者がこれを拒んだ場合には、雇止めでよいのでしょうか。

トラブルポイント

- 更新時に労働条件の変更を求められた場合の雇止めの可否
- 労働者が異議留保を述べて承諾した場合の対応

1．労働条件の変更と雇止め

　有期労働契約の更新は、原則として同一の労働条件で行うものとなります（労契法19条の効果も、同一の労働条件での更新の申し込みを承諾したものとみなすとなっています）。そして、雇止めは、「契約期間が満了する日までの間に労働者が当該有期労働契約の更新の申込みをした場合又は当該契約期間の満了後遅滞なく有期労働契約の締結の申込みをした場合であって、使用者が当該申込みを拒絶する」（同法19条柱書き）ことをいいます。つまり、雇止め法理が適用される場合は、①労働者の有期労働契約の締結の申し込みに対して、②使用者が拒絶することとなります。

　本ケースにおいては、使用者は同一の労働条件での更新を拒絶しておらず、むしろそれを提案しているにもかかわらず、有期契約労働者がこれを拒否して賞与の支給を労働条件とする契約を申し込むものとなり、

これを使用者が拒んだとしても上記①②に対応しないため、雇止め法理としての労契法19条が適用されないことになります。

そのため、使用者がこのような申し込みを拒絶して契約を更新しないとすることも可能ですし、労働条件の変更を使用者が強制されるものではないため、雇止めとせざるを得ないともいえます。

なお、使用者側から労働者に不利益となる労働条件を提示し、労働者がそれを断った場合の雇止めについては、**ケース54**において述べます。

2．労働者が異議を述べつつ承諾した場合

労働者が「争う権利を留保しつつ、会社の示した労働条件の下で就労することを承諾する」といった異議を述べつつ使用者の提案した従前と同一の労働条件に同意した場合については、同一の労働条件で有期労働契約が成立したことになるのでしょうか。

この点について、日本ヒルトンホテル(本訴)事件（東京高裁　平14.11.26判決　労判843号20ページ）は、「異議留保付き承諾の意思表示により雇用契約の更新を認めることは、そのような意思表示を受けた相手方の地位を不安定にするものであり、終局裁判の確定時における当事者双方の利害の調整を図るための立法上の手当てもされていない現状においては許されないと解すべきである」と判断しており、このような異議留保付きの承諾の効力を否定しました。

したがって、労働者が異議を述べて使用者の提案に同意したとしてもそれは有効な承諾ではないため、新たな有期労働契約は成立せず、雇止めとして取り扱うことで問題はないことになります。

3．（参考）賞与の労働条件の相違

それでは、正社員に賞与を支給し、有期契約労働者には賞与を不支給とする労働条件を提示することについて、不合理な労働条件の相違（パートタイム・有期雇用労働法8条）として問題にはならないでしょ

うか。

　この点について、学校法人大阪医科薬科大学(旧大阪医科大学)事件(最高裁三小　令 2.10.13判決　労判1229号77ページ)では、賞与の支給に関する労働条件の相違について旧労契法20条に照らして不合理ではないと判断しています。

　不合理性については職務の内容等の事情から判断されるため、上記学校法人大阪医科薬科大学(旧大阪医科大学)事件と同様に必ずしもすべて不合理ではないと判断されるものではありません。しかし、正社員と有期契約労働者で職務の内容や職務の変更の範囲等が異なるのであれば、基本的に賞与の支給・不支給の相違は不合理ではないと判断されると思われます。

☞ここが重要！

□労働者による使用者からの更新の拒否

　✓労働者が使用者からの有期労働契約の更新を拒絶する場合には、雇止め法理が適用されないため、雇止めは可能である

　✓労働者が使用者の提案した条件に異議留保を付けて承諾した場合でも、その承諾は無効のため、雇止めとしても問題ない

4 定年後再雇用者

ケース54　継続雇用に関する労使協定はありませんが、定年後再雇用者の契約更新時に能力不足を理由に雇止めはできるのでしょうか。現在より下げた労働条件を提案して本人が断った場合はどうでしょうか。

トラブルポイント ┈┈┈┈┈┈┈┈┈┈┈┈┈┈

- 定年後再雇用者の特殊性
- 変更解約告知の可否

1．定年後再雇用者

　高齢法9条により、企業が定年を65歳未満で定めている場合には、65歳までの継続雇用等の義務が生じます（令和3年4月1日からは70歳までの継続雇用等が努力義務となっています）。この継続雇用義務により、60歳を定年と定めている企業は、正社員の定年退職後、当該正社員を有期労働契約として新たに採用する形で65歳まで継続雇用する制度を設けていることが一般的です。このような形での継続雇用を「定年後再雇用」と呼んでいます。

　定年後再雇用には、①旧高齢法9条に基づき平成25年4月1日より前に締結した労使協定に基づく継続雇用制度による場合と、②原則どおり65歳まで継続雇用する場合があり、本ケースは②の場合に該当し、雇止めに当たっては雇止め法理を踏まえて判断します。なお、①の場合も同じく雇止め法理による検討をすべきですが、労使協定に基づく定年後再雇用の場合には、労使協定で定めた内容も踏まえて検討することになります。

2．定年後再雇用者の雇止め

　定年後再雇用は、雇用形態が有期労働契約である以上、雇止めを行うことは可能ですが、当然のことながら、労契法19条によってその有効性が判断されることとなります。

　そして、定年後再雇用者の場合の特殊性として、基本的に65歳までの雇用継続が法律上定められ、65歳までの契約の更新が原則となっていることもあり（高年齢者雇用安定法Q＆A〔高年齢者雇用確保措置関係〕Q１−４参照）、労契法19条２号の雇用継続への合理的期待が生じます（エボニック・ジャパン事件　東京地裁　平30. 6.12判決　労判1205号65ページ）。そのため、本ケースのような定年後再雇用者の雇止めの場合には、基本的に雇用継続への合理的期待が認められ、雇止めの有効性は客観的合理的理由および社会通念上の相当性の事情によって判断されることになります。

　また、本ケースは定年後再雇用者の能力不足を理由とするものですので、契約期間中の能力不足の程度やそれに対する会社からの注意指導の程度を主張立証することによって雇止めは有効と認められると考えられますが、その主張立証が不十分な場合には、雇止めが無効となることもあります。

3．労働条件の不利益変更と雇止め

　契約の更新に当たって、同一の労働条件ではなく、能力に見合った賃金水準に引き下げて契約の更新を提案するということが行われる場合もあります。もっとも、労働条件として不利益な変更になりますので、当該労働者がこの提案を拒否した場合にはどのように取り扱われることになるのかが問題となります。

　有期労働契約の更新は同一の労働条件で行うことが原則的な対応となりますが、労働者に不利益に引き下げた労働条件での更新を提案し、これに応じない労働者を雇止めとすることは一般的に「変更解約告知」と

呼ばれています。この有効性については、雇止めであることから、雇止め法理によって判断されますが、その中で労働条件の不利益変更の合理性・相当性が考慮されることになります（日本ヒルトンホテル［本訴］事件　東京高裁　平14.11.26判決　労判843号20ページ）。

　また、賃金の引き下げに応じないからといって雇止めという手段が可能かという点についても、定年後再雇用であることから、原則的に労契法19条2号に該当することとなるため、客観的合理的理由および社会通念上の相当性が認められなければならないのですが、能力不足の事案であれば、能力不足の程度として雇止めが相当といえる程度に達しているか否かによって判断されます。

　そして、本ケースにおける労働条件の不利益変更は、対象の社員の能力不足を理由とする賃金の引き下げですが、これは雇止め回避のための手段として、雇止めの事情として考慮されることになります。ただし、労働条件の不利益変更ですので、これの合理性・相当性が問題となり、一般的な降給の事例と同様に、降給が制度上予定されていること（例えば、就業規則や契約書に定めがあること等）に加えて、降給の幅が相当といえるか、変更のための手続きが相当か否かが考慮されます。これらの検討の結果、労働条件の不利益変更として合理性・相当性が認められるという場合であれば、雇止め回避の手段として雇止めを肯定的に考慮する事情になり得ます。他方で、不利益変更の合理性・相当性が否定される場合であれば、能力不足の程度が雇止めが有効となるほどに達しているか否かによって結論が左右されることになることも念頭に置くべきでしょう。

4．想定される対応

　定年後再雇用者の場合には、継続雇用制度によって雇用継続への合理的期待が生じてしまう契約類型ですので、雇止めを検討する上で、客観的合理的理由および社会通念上の相当性があるといえるかどうかを吟味

する必要があります。

　その事由に足りない程度の問題の場合には、手段として、①契約を更新する、②更新の前に退職勧奨を行う、③雇止めが無効となるリスクを承知で雇止めを経営判断として行うということが想定されます。

　①の場合には、問題がありつつも契約を更新してしまうこととなりますので、更新の際には、次の更新の可能性が厳しいことにまで言及して注意指導を行うことが適切といえます。

　②の場合には、退職勧奨により更新せずに契約を終了することの合意書を交わせれば最善ですが、対象者がこれに応じない場合に、①の対応か、変更解約告知も含めて③での対応を検討することになるでしょう。

　③の場合は、労働者から争われた場合には雇止めとして無効になることも考慮の上、経営上の判断をすることになります。ただし、この場合には、65歳までの雇用継続の可能性が肯定されるため、紛争となった場合に最大その期間分のバックペイをしなければならなくなることにも留意しておく必要があります。

👉ここが重要！

□定年後再雇用者の雇止め

✓原則として65歳まで雇用継続への合理的な期待が生じることになるので、雇止めの理由として客観的合理的理由および社会通念上の相当性が求められる

□労働条件の不利益変更と雇止め

✓労働条件の不利益変更の提案に対象者が応じない場合に契約を更新しないことも雇止めとなり、上記の雇止めの理由が必要となる

✓労働条件の不利益変更としての合理性・相当性が考慮される

5 契約更新の上限の設定

ケース55 有期労働契約の更新時に、「今回の更新が最後」とする特約を設けることは認められるのでしょうか。また、有期労働契約において、「更新回数の制限」は認められますか。

トラブルポイント ■■■■■■■■■■■■■■■■■■■■■

✳ 更新時に、新たに不更新条項を設けること

✳ 更新回数の上限を設けることの有効性

1．不更新条項の有効性

[1]不更新条項の意義

　有期労働契約の更新の際に、次回の更新をしないために、次回更新をしないとする条項を盛り込み、それを契約の内容としようとすることがあり、この条項を「不更新条項」と呼んでいます。この不更新条項の目的は、雇止めの際に、次回の契約を更新しないと合意することにより確実に契約を終了させることにあります。

　この不更新条項を設けることについては、法令上、特に制限されるものではありません。最初の契約時に、更新しないと明記することもあり、最初から更新しないことを明記した契約であれば、雇用継続への合理的期待が生じていないので、更新せずに契約を終了しても労契法19条2号に該当しないことから、雇止めは有効なものとなります。

　しかし、過去に契約を更新し合理的期待が生じていた場合、新たに不更新条項を設けて更新をしたとして、雇用継続への合理的期待を失わせることができるのかが問題となります。

［2］雇用継続への合理的期待を肯定した事例

　この点、複数回有期労働契約を更新した後に、新たに不更新条項の付いた契約書に有期契約労働者が不本意ながら署名・押印をした事例では、雇用継続への合理的な期待が失われていないと判断しているもの（明石書店［製作部契約社員・仮処分］事件　東京地裁　平22.7.30決定　労判1014号83ページ、東芝ライテック事件　横浜地裁　平25.4.25判決　労判1075号14ページ）があります。

［3］雇用継続への合理的期待を否定した事例

　他方で、「不更新条項を含む経緯や契約締結後の言動等も併せ考慮して、労働者が次回は更新されないことを真に理解して契約を締結した場合には、雇用継続に対する合理的期待を放棄したものであり、不更新条項の効力を否定すべき理由はないから、解雇に関する法理の類推を否定すべきである」として、不更新条項を更新時に設ける際に、会社が事前に説明会を開催し、労働者がそれに出席して、不更新条項による雇止めは回避し難くやむを得ないものとして受け入れ、雇用継続への合理的期待を放棄したものと判断し、雇止めを有効と認めた裁判例（本田技研工業事件　東京高裁　平24.9.20判決　労経速2162号3ページ。上告不受理により確定）もあります。

［4］適切な対応

　以上を踏まえると、雇用継続への合理的期待が生じているような場合に不更新条項を新たに設けるためには、使用者はそれを設ける理由を十分に説明した上で、労働者から自由な意思による同意を取得することによって、雇用継続への合理的期待を放棄させることが必要となります。したがって、使用者としては、このような対応を取ることが適切といえます。

２．更新上限の有効性

　有期労働契約において更新の上限回数（更新上限）を定めることも可能であり、不更新の合意と同様に契約の当初から定めているのであれば、それが当初からの合意内容となっているので、上限回数に達した後の雇止めでは雇用継続への合理的期待は生じていないものといえ、原則として雇止めは有効となります。また、雇用継続への合理的期待が生じた後に更新上限の条項を設ける場合は、将来的な雇止めの条項となりますので、不更新条項と同様に十分な説明をした上で同意を取得するなどの方法を取って、上限回数に達したときに雇用継続への合理的期待を失わせるようにする必要があります。

　ただし、更新上限を設ける場合には、逆にいえば、最大でもその上限回数分の更新について労働者に期待を持たせるものとも評価することができます。そのため、その上限回数に達しない段階での雇止めの場合にはその上限に達するまでの雇用継続への合理的期待が生じていると考えられ、雇止めを有効とするには、客観的合理的理由および社会通念上の相当性が必要になると考えられます。

　更新上限の条項にはこのようなデメリットも存在するため、実情に応じて検討することが適切といえます。

３．留意点

　不更新条項や更新上限が有効に設けられたとしても、これらの条項と矛盾する言動を使用者が行う場合には、雇用継続への合理的期待を失わせることができなくなることに留意する必要があります。例えば、使用者がこれらの条項にかかわらず更新を期待させる言動をしていた場合や、使用者がどの有期契約労働者にもこれらの条項を設けたにもかかわらず、特定の労働者のみに対し、これらの条項に反して契約を継続するような恣意的なことを行った場合には、雇用継続への合理的期待を失わせることができず、客観的合理的理由および社会通念上の相当性がなければ雇

止めは無効となります。これらの条項を設ける場合には、使用者もその条項に従って厳格に対応することが適切です。

　なお、これらの条項を無期転換権の発生の阻止のために設ける例も見られ、これについて否定的な見解もありますが、契約当初から無期転換権が発生しないよう更新の上限を5年と定めたもので、雇用継続への合理的期待が生じていないと判断した裁判例（日本通運事件　横浜地裁川崎支部　令3.3.30判決）も最近見られるところですので、このような更新上限については動向を注視する必要もあります。

☞ここが重要！

□不更新条項・更新上限

✓いずれの条項も設けることは可能であるが、雇用継続の合理的期待を失わせるためには十分な説明を行い、労働者から同意を得る必要がある

✓これらの条項による雇止めを行う際には、使用者が例外をつくらないよう、使用者も条項に則った対応をすべきである

6 年齢上限と有期雇用

ケース56 有期労働契約で雇用の年齢上限を設けることはできるのでしょうか。年齢上限を設けた場合、どのような点に留意する必要があるのでしょうか。

トラブルポイント
✳ 年齢上限を理由とする雇止めの可否

1．年齢上限を設けることの可否

　無期労働契約においては、定年によって雇用の年齢上限を定めることが一般的ですが、有期労働契約において定年に類する雇用の年齢上限を定める場合もあります。

　このような年齢上限として、「会社の都合による特別な場合のほかは、満65歳に達した日以後における最初の雇用契約期間の満了の日が到来したときは、それ以後、雇用契約を更新しない」と定めた条項の有効性が争われた事案で、最高裁は、労契法7条の定める合理的な労働条件として有効なものと判断しました（日本郵便［期間雇用社員ら・雇止め］事件　最高裁二小　平30.9.14判決　労判1194号5ページ）。

2．年齢上限による雇止め

　前記日本郵便（期間雇用社員ら・雇止め）事件最高裁判決は、当該年齢上限による雇止めに関し、対象の労働者について雇止め時点において、雇用継続への合理的期待は生じていないものと判断して、雇止めを適法としました。

　このように年齢上限を設けることは可能であり、原則として上限の年

齢に達した場合には雇用継続への合理的期待が生じていないものとして、雇止めは有効となります。

　ただし、**ケース55**において述べたとおり、既に雇用継続への合理的期待が生じた後に新たに年齢上限を設ける場合には、対象労働者に対して十分に説明の上、理解を得ることをしなければ、年齢上限を入れた契約書に署名・押印が得られたとしても年齢上限によって雇用継続への合理的期待を失わせることはできないことに注意が必要です。

3．年齢上限を設ける場合の留意点
［1］上限の年齢
　年齢上限として設定する年齢は、何歳でもよいのでしょうか。

　前記日本郵便（期間雇用社員ら・雇止め）事件最高裁判決では、上限の年齢が65歳であったため、高齢法の継続雇用義務と同じ年齢であり、この点が問題となりませんでしたが、例えば、60歳を上限年齢とすることや、60歳未満を上限年齢とすることの可否が問題となります。

　この点、高年齢者雇用安定法Q＆A（高年齢者雇用確保措置関係）のQ1−11では、高齢法の適用について有期労働契約のように、年齢とは関係なく、一定の期間の経過により契約終了となるものは、別の問題であるとしつつも、有期契約労働者に関して、就業規則等に一定の年齢に達した日以後は契約の更新をしない旨の定めをしている場合は、有期労働契約であっても反復継続して契約を更新することが前提となっていることが多いと考えられ、反復継続して契約の更新がなされているときには、期間の定めのない雇用とみなされることがあり、これにより、定年の定めをしているものと解される場合には、65歳を下回る年齢に達した日以後は契約しない旨の定めは、高齢法9条違反であると解されるとしています。

　上記解説は期間の定めのない雇用とみなされる場合に高齢法9条の適用があると解しているものとなりますが、そうでないような場合にも、高齢法の趣旨から65歳を下回る年齢については、前記日本郵便（期間雇用

社員ら・雇止め)事件最高裁判決が論じた労契法7条の合理性が否定される可能性が想定されます。この場合、年齢上限の条項が無効となる可能性が否定できないため、この点にも留意する必要があります。

[2]年齢上限と雇用継続の合理的期待

　年齢上限は、雇用の上限年齢によって定年と同様に処理することを可能として、雇用管理に資するメリットがあります。

　他方で、年齢上限を設ける場合には、更新上限の場合と同様に有期契約労働者にその年齢まで雇用を継続できると期待させるものとも評価することができます。そのため、年齢上限に該当する年齢の場合には、雇用継続の合理的期待が生じていないと判断することができますが、そうでない場合には、年齢上限までの雇用を期待させてしまい、雇止めにおいて不利に働く可能性は否定できません。

　この点については現在の年齢構成や採用する年齢も考慮の上、年齢上限を設けるか、あるいは更新上限によって契約をコントロールすることを検討するとよいでしょう。

☞ ここが重要！

□年齢上限の意義

✔年齢上限によって雇用継続の合理的期待を生じさせないものとなるが、上限の年齢によってはそもそも年齢上限の合理性が否定されることに注意する必要がある

✔年齢上限を設ける場合には、その年齢までの雇用継続を期待させることにもなりかねないため、年齢上限を設けることについては、更新上限などで対応できないかも含めて検討することが重要である

7 無期転換

無期転換の条件に該当する直前に、更新しない旨を伝えましたが、雇止めは有効となりますか。無期転換権が発生し、行使された場合はどうでしょうか。

トラブルポイント

★無期転換権行使阻止のための雇止め
★無期転換権行使後の雇止め

1．無期転換権とは

平成25年4月1日以降に有期労働契約が締結・更新されて通算5年を超えた時は、当該労働者に無期労働契約に転換できる申し込みの権利が発生し、当該労働者がこの権利を行使することで、無期労働契約に転換できることになります。これを一般に「無期転換」と呼んでいます（労契法18条1項）。

無期転換権は、契約期間が通算して5年を超えた時に発生するものですので、例えば、3年の有期労働契約を同一の期間で1回更新した場合や、1年の有期労働契約を5回更新した場合には、その時に当該有期契約労働者に無期転換権が発生することになります。

そして、無期転換権を申し込まれた場合には、使用者はこの申し込みを承諾したものとみなすこととなっているため、自動的に有期労働契約の満了後の無期の労働契約が成立することになります。

これを模式的に表しますと、[図表3－3]のとおりです。

図表 3 - 3　有期契約労働者の無期転換申込権の発生

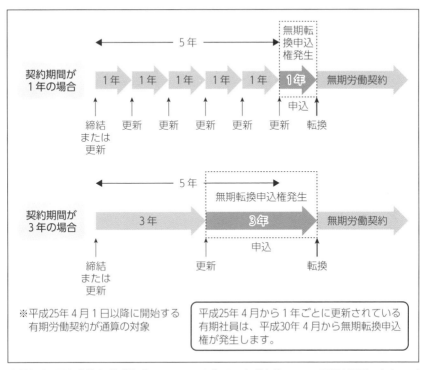

※平成25年 4 月 1 日以降に開始する
　有期労働契約が通算の対象

平成25年 4 月から 1 年ごとに更新されている
有期社員は、平成30年 4 月から無期転換申込
権が発生します。

資料出所：厚生労働省「無期転換ルールハンドブック～無期転換ルールの円滑な運用のために～」
　　　　　 1 ページより抜粋。

2. 無期転換権発生直前の雇止め

　無期転換権は前記のように 5 年を超える契約を更新することにより発生することになりますので、使用者がこれを発生させないために、無期転換権発生直前の契約で雇止めすることがあります。

　このような雇止めの有効性は労契法19条により判断されることになりますが、無期転換権発生直前まで契約が更新されている状態は一般的には雇用継続への合理的な期待（同条 2 号）が生じている程度になっていると考えられます。そのため、雇止めが有効となるためには、雇止めの

客観的合理的理由および社会通念上の相当性が必要となります。もっとも、このような理由は無期転換権の趣旨をないがしろにするものなので、客観的合理的理由および社会通念上の相当性が認められず、雇止めは無効となるでしょう（参考として、「無期転換ルールハンドブック～無期転換ルールの円滑な運用のために～」（以下、「ハンドブック」）に記載のＱ４において「無期転換ルールを避けることを目的として、無期転換申込権が発生する前に雇止めをすることは、労働契約法の趣旨に照らして望ましいものではありません」と記載されているところです）。

それでは、無期転換権を発生させないためではなく、有期契約労働者の能力や勤務態度に問題が見られ、偶然、無期転換権の発生直前での雇止めとなった場合には、客観的合理的理由および社会通念上の相当性が認められるでしょうか。

基本的に、有期契約労働者の能力や勤務態度の問題が雇止めを相当とするほどの事情であるならば、雇止めの時期が無期転換権発生の直前であったとしても、雇止めは有効になります。ただし、無期転換権発生の直前であることからすると、雇止めをされた有期契約労働者から無期転換権発生阻止のための不当な雇止めとして主張されることが想定されます。これに対する再反論の準備として、雇止めの理由がこれとは関係のないものであることを主張立証できるようにしておくことが肝要です。例えば、無期転換権発生直前の契約期間だけでなく、その前の契約期間からも問題行動があり、それに対して継続的に注意指導を行っていたという事情や、このタイミングで雇止めをしなければならないほど問題行動による影響が大きいという事情を具体的に主張立証して、無期転換権とは無関係であることを示すようにする必要があります。

３．無期転換権行使後の雇止め

有期契約労働者に無期転換権が発生し、当該労働者が無期転換権を行使した後は、最後の有期労働契約の終了後に無期労働契約が成立したこ

とになります。この場合、当該労働者に問題が見られ、雇止めをしよう
とするならば、どのような方法を取るべきでしょうか。

　契約としては「有期労働契約」と「無期労働契約」の二つが併存して
いることになります。そのため、有期労働契約のみを終了させる雇止め
を行ったとしても、無期労働契約については残存することになります。
この点、前掲「ハンドブック」に記載のＱ６において、「会社は無期転換
を拒否することはできません。会社が無期転換を認めず、現在締結して
いる有期労働契約の満了をもって有期労働契約関係を終了させようとし
た（雇止めしようとした）としても、その雇止めをもって当然に無期転
換申込権の行使により成立した始期付無期労働契約を解約（解雇）する
ことにはならず、無期労働契約の関係は終了していないと考えられます」
と記載されており、雇用関係の終了のためには、雇止めに加えて、無期
労働契約の解消のための解雇を行う必要があります。そうすると、この
ような場合の対応として、有期労働契約については、更新をしないこと
を通知して有期労働契約を期間満了によって終了させることになります。
また、無期転換権行使によって成立した無期労働契約についても契約を
解消するために、解雇に類似して無期労働契約を解消する意思表示をし
なければなりません。

　これらの雇止めと解雇類似の意思表示に関する有効性については、雇
止めにおいても解雇においても、客観的合理的理由および社会通念上の
相当性が求められることになります。使用者としては、そのための主張
立証の準備をした上で、これらの措置を取ることが適切な対応といえる
でしょう。

ここが重要！

□無期転換権と雇止め

✓ 無期転換権の発生を阻止するための雇止めは無効となる

✓ 雇止めのタイミングが無期転換権の発生直前となる場合でも雇止めは可能であるが、無期転換権の発生阻止のための雇止めではないと主張立証できるようにすることが重要である

✓ 無期転換権行使後は、雇止めと併せて解雇と同様の意思表示を行って契約を解消することになるが、そのためには解雇と同等の理由が必要となる

⓼ 雇止めの予告および雇止め理由通知の要否

ケース58 雇止めを行う場合、解雇予告を行わなければならないのでしょうか。また、雇止めの理由を通知しなければならないのでしょうか。

トラブルポイント

＊ 雇止めを行うための手続き

1．雇止め予告

[1]解雇予告の要否

雇止めは解雇に類似しているものですが、解雇予告の手続きを定めている労基法20条1項における「解雇」には該当しないものです（なお、当然のことながら、有期労働契約の期間途中の解雇はこれに該当します

ので、解雇予告が必要となります。**ケース48**参照）。そのため、雇止めにおいては、同項に定める解雇予告の手続きを取らなければならないものではなく、雇止めの際に全く予告をしなかったとしても同項違反にはなりません。

[2]通達による雇止め予告

ただし、解雇ではない雇止めにおいても、「有期労働契約の締結、更新及び雇止めに関する基準」（平15.10.22　厚労告357、最終改正：平24.10.26　厚労告551）という告示で、以下のように定められています。

（雇止めの予告）

第1条　使用者は、期間の定めのある労働契約（当該契約を３回以上更新し、又は雇入れの日から起算して１年を超えて継続勤務している者に係るものに限り、あらかじめ当該契約を更新しない旨明示されているものを除く。〔中略〕）を更新しないこととしようとする場合には、少なくとも当該契約の期間の満了する日の30日前までに、その予告をしなければならない。

※下線は筆者

このように当該告示において、①有期労働契約を３回以上更新している場合、または②雇入れ日から起算して１年を超えて継続勤務している場合（ただし、①②のいずれにおいてもあらかじめ更新しないことが明示されている場合を除きます）には、解雇と同様に、契約期間満了日の30日前までに雇止めの予告をしなければならないと定められています。

そのため、労基法において雇止めの予告が必要とされていないとしても、告示の定めにより、①②の場合には雇止めの予告が必要となるため、雇止めであっても、解雇予告と同様に30日前の予告を行うことを意識しておくとよいでしょう。

以上をまとめると、次ページのように整理されます。

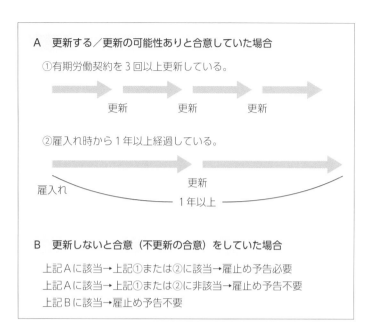

A　更新する／更新の可能性ありと合意していた場合

①有期労働契約を3回以上更新している。

更新　　　　更新　　　　更新

②雇入れ時から1年以上経過している。

雇入れ　　　　　　　　　更新
　　　　　　　　　　1年以上

B　更新しないと合意（不更新の合意）をしていた場合

上記Aに該当→上記①または②に該当→雇止め予告必要
上記Aに該当→上記①または②に非該当→雇止め予告不要
上記Bに該当→雇止め予告不要

2．雇止め予告の違反の効果

　それでは、雇止めの予告に違反した場合には、雇止めは無効となるでしょうか。

　この点、雇止めの予告は告示や行政通達に基づくものであり、私法上の雇止めの効力には影響しないものとされています（行政通達〔平15.10.22　基発1022001〕において、「雇止めに関する基準は、有期労働契約の契約期間の満了に伴う雇止めの法的効力に影響を及ぼすものではない」とされています）。したがって、使用者が雇止めの予告を行わなかったとしても、そのことによって雇止めが無効となるものではないということになります。

　ただし、使用者がこれに違反している場合には、行政指導の対象になるので、雇止めの予告を行わないならば、使用者はその点には留意する必要があります。

3．雇止め理由の通知の要否

　雇止め理由については、解雇の場合と同様に、雇止めの際に必ず通知しなければならないものではなく、雇止め理由を通知せずに雇止めとすることも可能です。

　もっとも、前記告示の2条において、解雇の場合と同様に、雇止め理由証明書を労働者から請求された場合には使用者は遅滞なくこれを交付しなければならないことも定められています。

　このように、雇止めの際には、労働者から雇止め理由証明書を求められることもあるため、解雇と同様に証明書を発行しなければならないことにも留意しておく必要があります。

　そして、解雇理由証明書の場合と同様、雇止め理由証明書においても、雇止め理由を必要十分に記載しておく必要があります。というのも、その後、同証明書に記載していない雇止め理由を追加して主張したとしても、それについて裁判所が重く考慮しなくなる懸念があるためです（**ケース65**参照）。

　そのため、実務上、雇止め理由証明書を作成する際には、雇止め理由を整理した上で、その理由を後から追加することがないよう十分に記載することが肝要です（雇止め理由の内容・詳細は、**ケース2**を参照）。

☞ここが重要!

□**雇止め予告**

✔①有期労働契約を 3 回以上更新している場合、または②雇入れ日から起算して 1 年を超えて継続勤務している場合には、雇止め予告が必要となる

✔雇止め予告を怠ったとしても、雇止めの効力には影響しないが、行政指導の対象になる

□**雇止め理由**

✔雇止め理由証明書を求められた場合、必要十分な雇止め理由を示す必要があることに留意すべきである

4章

その他

① 内定取り消し

ケース59 業績悪化が見込まれたため、内定取り消しをしたいのですが、法令違反となるのでしょうか。

トラブルポイント ▪▪▪▪▪▪▪▪▪▪▪▪▪▪▪▪▪▪▪▪
● 業績悪化による安易な内定取り消し

1．採用内定取り消しの考え方
[1]採用内定の法的性質

　採用内定（以下、内定）は、始期付解約権留保付労働契約と解されています（大日本印刷事件　最高裁二小　昭54. 7.20判決　民集33巻5号582ページ）。この「始期付」とは就労開始日が定められていることを、「解約権留保付」とは内定取り消し事由が生じた場合に使用者が内定を取り消す権利が認められていることを意味します。

　つまり、内定はこれら二つの性質（「始期付」「解約権留保付」）を持つ労働契約が成立した状態をいいます。

[2]内定取り消しの限界

　内定では上記のとおり使用者に解約権が認められていて、その行使自体は法令に違反するものではありません。

　他方で、使用者が安易に労働契約を解約できるわけでもありません。この点、前記大日本印刷事件は、内定の取り消しの有効性について「採用内定当時知ることができず、また知ることが期待できないような事実であつて、これを理由として採用内定を取消すことが解約権留保の趣旨、目的に照らして客観的に合理的と認められ社会通念上相当として是認す

ることができるものに限られる」と判示しています。そして、実務上、使用者が内定通知において定めた内定の取り消し事由を踏まえて、上記判断基準を満たすか、事情の有無が判断されています。

　本ケースのような業績の悪化の事例で内定を取り消す場合には、整理解雇の４要素（①人員削減の必要性、②解雇回避努力、③人選の合理性、④手続きの妥当性）に準じて、内定取り消しが解約権留保の趣旨、目的に照らして客観的に合理的と認められ社会通念上相当として是認することができるかどうかによって内定取り消しの有効性が判断されます（同様に整理解雇の４要素により検討した事案として、インフォミックス［採用内定取消］事件　東京地裁　平 9.10.31決定　労判726号37ページ）。

　そのため、本ケースにおいては業績悪化を理由に安易に内定取り消しを行うべきではなく、整理解雇に準じて、整理解雇法理（**ケース14**参照）に照らして検討を行う必要があります。

２．本ケースでの検討

[1]人員削減の必要性

　本ケースの場合、業績悪化とのことですので、それに具体的な根拠があるならば経営判断として必ずしも不合理ではなく、人員削減の必要性自体は否定されないものと思われます。ただし、業績悪化の程度により、人員削減の必要性の高低は別途問題となり、その度合いは、解雇回避努力として求められる程度に影響することもあります。

[2]解雇回避努力

　内定者であっても、既に労働契約が成立しているため、使用者としては解雇回避措置を検討する必要もあります。この点については、業績悪化の事情があっても会社内で予定していた部署から異動させるなどの対応が可能であれば、そのようにすることが求められます。また、正社員と類似して不利益緩和措置（例えば、退職加算金に準じた一時金等を支

給する措置）を講ずることも求められるでしょう。

[3]人選の合理性

　人選に関して、内定取り消しを正社員の解雇より先に行うことになるのが通常ですが、前記インフォミックス(採用内定取消)事件においては、「既に就労している従業員を整理解雇するのではなく、採用内定者である債権者（筆者注：内定取り消しをされた労働者）を選定して本件内定取消に及んだとしても、格別不合理なことではない」と判示されており、正社員との比較において内定者を選定して内定を取り消すことの合理性が認められています。

[4]手続きの妥当性

　最後に、内定取り消しを行うに当たって手続きの妥当性が問題となります。前記インフォミックス(採用内定取消)事件では、内定取り消しの2週間前に突然内定辞退の勧告や職種変更を使用者が申し出たため、納得を得られるような十分な説明をしたとはいえないとして「誠実性に欠けていた」と判断されています。

　このことを踏まえると、内定取り消しの方針が固まった段階で早めに、内定取り消しの対象となる人に十分な説明および協議の機会を設けることが適切です。特に新卒採用の場合には、彼・彼女らのキャリアにも影響を及ぼすものとなりますので、早期に協議を進めることが望ましいといえます。

[5]まとめ

　上記のとおり、内定取り消しも使用者側の事情によるものですので、整理解雇法理に準じて判断は厳しくなります。本ケースでは、内定取り消しが有効といえるかについて、4要素に照らした子細な分析を行い、方針が決まり次第、早期に内定者と協議をするとよいでしょう。

☞ ここが重要！

□内定取り消し

✔内定取り消しは、「採用内定当時知ることができず、また知ることが期待できないような事実であつて、これを理由として採用内定を取消すことが解約権留保の趣旨、目的に照らして客観的に合理的と認められ社会通念上相当として是認することができる」場合に認められる

□内定取り消しと整理解雇法理

✔内定取り消しであっても整理解雇法理に準じた検討が必要不可欠である

✔ただし、内定取り消しによる影響は大きいことから対象者と早期に協議を行うことが望ましい

② 金品の返還・清算

ケース60 横領した従業員に支払い予定の賃金や退職金を一方的に損害賠償額に充当させてもよいのでしょうか。あるいは、本人の承諾さえあれば、問題ないのでしょうか。

トラブルポイント

横領した金銭の一方的な清算

1．賃金・退職金の一方的な相殺の可否

　賃金や退職金について使用者が労働者に対する債権と一方的に相殺をすることができるかについては、労基法24条1項の賃金全額払いの原則との関係で問題となります。

　この点について、判例（関西精機事件　最高裁二小　昭31.11．2判決　民集10巻11号1413ページ）は、「労働基準法24条1項は、賃金は原則としてその全額を支払わければならない旨を規定し、これによれば、賃金債権に対しては損害賠償債権をもつて相殺をすることも許されないと解するのが相当である」と判示しており、通説も使用者による賃金債権との一方的な相殺は労基法24条1項により禁止されるものと解しています。

　そのため、たとえ労働者の横領した金銭に対する返還の請求であるとしても、使用者が賃金や退職金と一方的に相殺し、充当してしまうことはできないものとなります。

2．賃金・退職金の合意による相殺の可否

　それでは、労働者に資力がなく、賃金や退職金によって弁済するために、横領した金額と相殺することに同意した場合はどうでしょうか。

　この点について、日新製鋼事件（最高裁二小　平 2.11.26判決　労判584号6ページ）は、「労働基準法（中略）24条1項本文の定めるいわゆる賃金全額払の原則の趣旨とするところは、使用者が一方的に賃金を控除することを禁止し、もって労働者に賃金の全額を確実に受領させ、労働者の経済生活を脅かすことのないようにしてその保護を図ろうとするものというべきであるから、使用者が労働者に対して有する債権をもって労働者の賃金債権と相殺することを禁止する趣旨をも包含するものであるが、労働者がその自由な意思に基づき右相殺に同意した場合においては、右同意が労働者の自由な意思に基づいてされたものであると認めるに足りる合理的な理由が客観的に存在するときは、右同意を得てした相殺は右規定に違反するものとはいえないものと解するのが相当である

（中略）。もっとも、右全額払の原則の趣旨にかんがみると、右同意が労働者の自由な意思に基づくものであるとの認定判断は、厳格かつ慎重に行われなければならないことはいうまでもないところである」とし、労働者の自由な意思による同意が存在する場合には合意による相殺をすることも可能であると判断しました。

　そのため、労働者が賃金や退職金からの相殺に同意する場合には、賃金や退職金でもって横領金額の弁済を受けることも可能となりますので、使用者としては、この方法によることが現実的な対応となります。

3．自由な意思の認定

　合意による相殺を行うとしても、前記日新製鋼事件最高裁判決の述べるとおり、「自由な意思」の認定は厳格かつ慎重に行わなければならないとされています。同事件最高裁判決では、

- 労働者が「会社の担当者に対し右各借入金の残債務を退職金等で返済する手続を執ってくれるように自発的に依頼しており、本件委任状の作成、提出の過程においても強要にわたるような事情は全くうかがえ」ないこと
- 「各清算処理手続が終了した後においても被上告会社の担当者の求めに異議なく応じ、退職金計算書、給与等の領収書に署名押印をしている」こと
- 労働者の利益となる部分もあり、「右各借入金の性質及び退職するときには退職金等によりその残債務を一括返済する旨の前記各約定を十分認識していたことがうかがえる」こと

から、労働者が退職金との相殺に合意したことについて、自由な意思に基づいてされたといえる合理的な理由が客観的に存在していたものと判断されました。

　これも踏まえると、自由な意思による同意を得たとするためには、それが認められる合理的な理由が客観的に存在していることが必要ですの

で、単に相殺の合意書だけでなく、合意書を締結するに至る客観的な経緯が重要ということになります。

　そして、同事件最高裁判決において、同意を取得する過程での使用者による強要の有無、異議なく署名押印をしていた事情、退職金の相殺について理解していたといえる事情が考慮されていることから、少なくともこれらの事情が認められるように留意して労働者から同意を取得することが適切といえます。

　本ケースであれば、横領した金銭の返還を求めるにしても、その手段として退職金との相殺を強要することはできないため、あくまでも相殺は任意であることを説明し、労働者に賃金や退職金の金額を示しつつ、相殺による弁済を十分に検討させた上で同意を取得すべきでしょう。

4．退職金の不支給の選択肢

　本ケースのように社員が横領した場合には懲戒解雇を行うことが基本的な処分になりますが、その際に退職金は必ず支給しなければならないわけではありません。就業規則における退職金の定め方や、横領した金額の多寡によっては、退職金を支給しないという選択もあり得ます。ただし、退職金の不支給の根拠が存在するとしても、退職金を不支給とする場合には、永年の勤続の功を抹消するほどの重大な行為でなければなりません（詳細は、ケース38参照）。本ケースのような横領の事案であれば、背信性が高いことから、この事由が認められやすいところです（日本郵便の社員が切手78万円分を横領した事案〔日本郵便事件　大阪地裁　令元.10.29判決〕では退職金の全額不支給が肯定されました）。

　そのため、厳格に対応するならば、規定上の退職金については全部あるいは一部を不支給とし、労働者が横領した金額については残りの賃金から同意を得た上で相殺し、残額が存在する場合には別途支払いを求めることも手段としてあり得るでしょう。

　労働者の資力や情状に応じて、このような対応も検討することがよい

といえます。

🖙 ここが重要！

□賃金・退職金との相殺

✔使用者による一方的な相殺は禁止されている

✔合意による相殺は可能であるため、賃金や退職金からの相殺の
ためには労働者から同意を得る必要がある

✔ただし、労働者からの同意は自由な意思によるものでなければ
ならないため、同意の取得の過程では、「自由な意思による同意
である」といえるようにするための配慮が必要である

③ 競業禁止

ケース61 退職後、競業会社への転職を禁止しているにもかかわ
らず、競業会社に転職した従業員に対し、退職金不支
給の懲戒解雇とすることはできるのでしょうか。

トラブルポイント

退職後の競業避止義務違反と退職金の不支給

1．退職後の懲戒解雇の可否

　労働者が退職後に競業会社に就職することは度々見られますが、退職
後に改めて懲戒解雇を行うことはできません。というのも、懲戒処分は

就業規則による労働契約に基づいて、在籍している労働者に対して行うものですので、退職して従業員ではなくなった後は、就業規則が適用されず、懲戒処分ができないため、懲戒解雇もできないことになるからです（ケース33参照）。

2．退職後に退職金の不支給を決定することの可否

　退職後に改めて懲戒解雇は行うことはできませんが、退職後に退職金の不支給を決定することはできるのでしょうか。

　そもそも、競業行為に関して退職金を不支給とする定めや、競業避止の特約で退職金を不支給とする合意がなければ、退職金を不支給とする根拠がないため、これを行うことはできないものとなります。

　もっとも、このような合意や就業規則上の根拠がある場合でも、合意に違反すれば即退職金不支給とできるわけではありません。退職金を不支給とする根拠があるとしても、①競業避止義務の合意の有効性と②退職金を不支給とするほどの事情の有無（ケース38参照）が検討されて、退職金不支給の有効性が判断されます。

　この点、アメリカン・ライフ・インシュアランス・カンパニー事件（東京地裁　平24. 1.13判決　労判1041号82ページ）では、競業避止の特約の有効性の要件に照らして不十分なために競業避止義務の合意自体が無効となりましたが、退職金についても、退職金の功労報償的性格を考慮し、会社に「回復不能又は著しく回復困難な損害が生じたとは到底認めることができ」ないと判断して退職金の不支給を否定しました。

　そのため、退職金を不支給とする場合には、競業避止の特約が有効といえるものであることに加え、単に競業他社に転職したというだけでなく、永年の勤続の功を抹消するほどともいえる使用者に相応の実害が生じているような場合でなければ、退職金を全額不支給とすることは無効となる可能性が高いものとなります。実際に、在職中ではあるものの顧客の奪取等に加担した労働者の事案では、懲戒解雇・退職金全額不支給

が有効と認められています（イーライフ事件　東京地裁　平25. 2.28判決　労判1074号47ページ）。

3．（参考）競業避止義務の有効性

　退職後の競業避止義務については、「一般に、従業員が退職後に同種業務に就くことを禁止することは、退職した従業員は、在職中に得た知識・経験等を生かして新たな職に就いて生活していかざるを得ないのが通常であるから、職業選択の自由に対して大きな制約となり、退職後の生活を脅かすことにもなりかねない。したがって、形式的に競業禁止特約を結んだからといって、当然にその文言どおりの効力が認められるものではない。競業禁止によって守られる利益の性質や特約を締結した従業員の地位、代償措置の有無等を考慮し、禁止行為の範囲や禁止期間が適切に限定されているかを考慮した上で、競業避止義務が認められるか否かが決せられるというべきである」（トータルサービス事件　東京地裁　平20.11.18判決　労判980号56ページ）と判断されており、労働者の職業選択の自由（憲法22条）との関係で、競業避止義務自体が無効となったり、競業禁止の期間や範囲が合理的に制限されたりすることが多いものです。

　競業避止義務の有効性は、基本的には上記裁判例も含め、裁判例の傾向として、(a)競業避止義務を課すことについての使用者の正当な利益の存在、(b)競業避止を課している範囲が合理的か（在職中の地位、業務内容・地理的・期間的な範囲の合理性）、(c)代償措置の有無・程度を総合考慮して判断されることになります。

　(a)の使用者の正当な利益については、労働者に競業避止義務を負わせて確保するほどの利益になりますが、モリクロ（競業避止義務・仮処分）事件（大阪地裁　平21.10.23決定　労判1000号50ページ）では、技術やノウハウについて、これを会社独自のものとして維持すべく、退職後の秘密保持義務を就業規則によって定める必要性が肯定されて正当な利益が認められています。

(b)の競業避止を課している範囲については、在職中の地位が業務上の秘密等に触れることができる地位であれば、合理性を肯定する事情になり得ます。また、競業を禁止する業務内容についても個別具体的に判断されますが、ヤマダ電機(競業避止条項違反)事件（東京地裁　平19.4.24判決　労判942号39ページ）では、「同業種（同業者）」について家電量販店に限定して解釈されて肯定されています。競業禁止の地理的範囲や期間については競業避止によって守るべき利益に左右され、ケース・バイ・ケースとなりますが、特に期間については1年前後であれば有効（上記ヤマダ電機［競業避止条項違反］事件では、1年の制限が肯定されています）、2年になると無効と判断されやすくなります。

　(c)の代償措置については、競業避止によって職業選択の自由が制限される代償として、例えば、退職金の上乗せや、それに見合った手当が支給されていることが考慮されます（上記ヤマダ電機［競業避止条項違反］事件では、高額の基本給や諸手当であったことが考慮されています）。

　競業避止義務は、以上の(a)ないし(c)の要素を総合考慮して有効性が判断されます。

　本ケースのように競業避止義務違反を理由とする退職金の不支給では、これらの要素を踏まえてこの義務自体の有効性の検討も必要です。

☞ ここが重要！

□退職後の懲戒解雇
　✓労働者の退職後に懲戒解雇を行うことはできない

□競業避止義務と退職金不支給
　✓競業避止義務違反を理由とする退職金の不支給を行うには、根拠が必要であることに加えて、永年の勤続の功を抹消するほどのものでなければ退職金不支給は認められない

□競業避止義務の有効性

　✓競業避止義務の有効性は、(a)競業避止義務を課すことについて
　の使用者の正当な利益の存在、(b)競業避止を課している範囲が
　合理的か（在職中の地位、業務内容・地理的・期間的な範囲の
　合理性）、(c)代償措置の有無・程度を総合考慮して判断される

❹ WEBサイトへの書き込み

ケース62　普通解雇した元従業員が、WEBサイトで当社の業務に関する内容や悪口を書き込んでいることが判明しました。普通解雇を懲戒解雇とし、退職金の返還を求めることは可能でしょうか。

トラブルポイント
* 普通解雇の懲戒解雇への転換
* 退職金の返還請求

１．普通解雇の懲戒解雇への転換の可否

　使用者が普通解雇をした従業員については、解雇の意思表示により、解雇日をもって退職することとなります。既に行った普通解雇を懲戒解雇に転換することは、そもそも可能となるでしょうか。

　この点については、既に行った普通解雇を遡って懲戒解雇に転換することはできません。逆の事例ではありますが、参考として、普通解雇と懲戒解雇の性質が異なることから懲戒解雇の普通解雇への転換を

否定した裁判例（野村證券事件　東京高裁　平29. 3. 9判決　労判1160号28ページ）があり、本裁判例も踏まえれば両者の性質が異なる以上、普通解雇を懲戒解雇に転換することもできないといえます（**ケース37**参照）。

2．普通解雇を撤回して懲戒解雇を行う場合の問題点

　本ケースにおける労働者の行為を問題とするために、理論上、既に行った普通解雇を撤回の上、改めて現時点をもって懲戒解雇とする場合はどうでしょうか。この場合には普通解雇の転換ということではなく、新たに懲戒解雇を行ったという形になり、普通解雇を転換させるものではないことになります。

　もっとも、懲戒解雇を行う場合には、懲戒事由に該当しなければなりません。本ケースは、普通解雇後に、当該従業員がWEBサイトに会社の業務内容や悪口を書き込んでいるものですので、これ自体、普通解雇が撤回されたとはいえ、もともとは会社に在籍中の行為ではないということになります。そうすると、これを懲戒事由に当てはめること自体がそもそも妥当ではありません。

　したがって、普通解雇後になされた行為を懲戒解雇の理由とすることは客観的合理的理由および社会通念上の相当性（労契法15条）を欠くと言わざるを得ず、普通解雇を撤回して懲戒解雇を行っても解雇が無効となることは明らかです。

　また、普通解雇を撤回した場合には、普通解雇撤回後から懲戒解雇時点までの間についてバックペイ（解雇によって働くことのできなかった期間分の賃金の支払い）として毎月の賃金を支払わなければならないことにもなり（民法536条2項）、この点においても普通解雇を撤回してまで懲戒解雇を行うことは現実的ではないといえます。

3．退職金の返還請求

　懲戒解雇をした場合に退職金を不支給とする場合があることは、就業規則に定められていることが一般的ですが、本ケースでは、普通解雇を行っており、懲戒解雇に転換もできないので、退職金を不支給とすることはできません。

　また、仮に本ケースの行為が在籍中に行われたものとして、退職金の不支給の要件に該当する場合であったとしても、退職金を不支給とするには永年の勤続の功を抹消するほどの重大な行為でなければなりません（ケース38参照）。

　しかしながら、本ケースの行為は、懲戒事由に該当するとしても懲戒解雇が相当なほどの事情ともいえず、また、永年の勤続の功を抹消するほどの事情ともいえないため、退職金の全額不支給は認められないと考えられます。

　したがって、本ケースにおいては退職金の不支給という方法も取り得ないこととなります。

4．WEBサイトへの書き込みに対する実務上の対応

　本ケースのような退職者による悪質な書き込みは時折見られるものですが、このような場合に事後的な懲戒解雇や退職金の不支給という手段を取ることは現実的ではありません。

　実務上の対応としては、書き込みの内容・程度に応じて、書き込みのなされたWEBサイトの管理者に対して削除請求を行うことが通常です。そして、当該管理者が削除請求に応じない場合もありますが、その場合には法的措置を取ることや、書き込みをした本人に対して損害賠償請求を行うことが手段として考えられます。しかし、これらの手段を行うかについては、書き込みの内容やそれによる影響の重大性に応じて検討するとよいでしょう。

☞ここが重要！

□普通解雇後の事情による懲戒解雇への転換

✔普通解雇後の事情をもって普通解雇を懲戒解雇に転換することはできず、現実的な対応ではない

✔また、普通解雇を撤回して懲戒解雇を行うことも現実的ではない

□退職金不支給

✔退職金を不支給とするには永年の勤続の功を抹消するほどの重大な事由が必要である

□実務上の対応

✔WEBサイトへの書き込みに対しては削除請求を含めた法的措置を検討すべきである

⑤ 規定と異なる退職届の提出

ケース63　就業規則で規定している、退職日の14日以前に、本人申請での会社所定の書式による退職届を使用せずに、退職代行サービスを利用し、突然退職し、それ以降出社しなくなった社員を普通解雇としてもよいのでしょうか。

トラブルポイント

＊退職代行サービスを利用した退職の意思表示の有効性

＊就業規則で規定した退職要件を満たさない退職の意思表示の有効性

1．退職代行サービスによる退職の意思表示の効力

　近年、社員と連絡が取れなくなり、その後突然、退職代行サービス業者が書面等で会社に対し、当該社員の退職を伝えてくるケースがあります。その理由はさまざま考えられますが、何らかの理由で会社と直接コミュニケーションを取れなくなってしまった社員が利用するケースが多く見られます。

　では、退職代行サービスを利用した社員の退職の意思表示は法的に有効となるのでしょうか。一般的に、当該社員以外の第三者を通じて、退職の意思表示が行われる場合、法的な位置づけとしては、「代理」という立場で関与する場合と、「使者」という立場で関与する場合の二つのケースが考えられます。この点、退職の意思表示は労働契約の終了という法律上の効果を発生させるものですので、「代理」の立場で関与する場合には、注意が必要です。すなわち、弁護士法72条によれば、「弁護士又は弁護士法人でない者は、報酬を得る目的で訴訟事件、非訟事件及び審査請求、再調査の請求、再審査請求等行政庁に対する不服申立事件その他一般の法律事件に関して鑑定、代理、仲裁若しくは和解その他の法律事務を取り扱い、又はこれらの周旋をすることを業とすることができない」とされているところであり、「弁護士又は弁護士法人でない者」が「報酬を得る目的で」代理も含めた法律事務を取り扱う行為については禁止されています。したがって、弁護士または弁護士法人ではない退職代行サービス業者は、本人を代理して、退職の意思表示をすることはできないということになります。そのため、退職代行サービス業者は、一般的には、社員本人の意思表示を伝達するにとどまる「使者」という立場で関与しているところです。

　以上を前提とした場合、本人の退職の意思表示が有効であれば、「使者」である退職代行サービス業者を通じて行った退職の意思表示も基本的に有効でしょう。

　問題は、退職代行サービス業者を介して連絡のあった社員の当該退職

の意思表示が本当に社員本人からのものであるかがわからないという点です。この点に関しては、基本的には、社員本人に連絡をし、その点を確認することが、まずは必要です。退職代行サービス業者から本人への連絡をしないよう申し入れがあった場合であっても、その申し入れには法的拘束力はありませんので、本人に連絡を試みることは構いません。一方で、社員本人と連絡が取れない場合には、別途検討が必要となります。例えば、社員本人の自筆の署名や押印（印鑑登録証明書付き等）のある退職届が退職代行サービス業者から送られてきた場合には、本人の意思表示と解しても問題ないように思われます。しかし、退職代行サービス業者から送られてきた資料では本人の退職の意思表示の有効性がわからない場合には、退職代行サービス業者に確度ある資料を提出するよう要請を行ったり、本人に引き続き連絡を取り続けたりする等の方法が考えられます。その上で、下記 **2.** のとおり、14日が経過した段階で、何も本人からの連絡がないということであれば、それをもって退職の意思表示とし、退職とすることは考えられるところです。

2．就業規則の規定に基づかない退職の意思表示の効力

　退職代行サービスを利用しての退職の意思表示の効力については前記 **1.** のとおりですが、本ケースでは、就業規則の規定に沿わない退職の意思表示を行っているため、その効力もまた問題となります。

　ケース33で説明したとおり、法律上、労働者が一方的に退職を申し出た場合、その申し出を行った日から 2 週間後に労働契約終了の効力が発生し（民法627条 1 項）、14日未満の退職日を記載して退職届を提出したとしても、それを受理しなければ、14日後までは退職の効力は発生しません。この点、本ケースでは、就業規則で退職日の14日以前の退職届の提出を求めており、法律に沿った形で規定されています。そのため、今回の退職代行サービス業者を介しての社員の意思表示がその日数に満たない場合には、当該退職の意思表示は受理する必要はありません。ただ

し、その場合であっても、14日が経過すれば退職の法的な効力が生じることとなります。

　なお、本ケースでは、本人申請での会社所定の書式による退職届を使用していないとのことですが、会社所定の書式を使用していなくても、法的に退職の意思表示が無効となることはありませんので、その点はご注意ください。

　では、その前に普通解雇をすることは可能でしょうか。普通解雇をする場合には、その理由が必要となります。本ケースの場合には、突然退職代行サービス業者を通じて社員からの退職の連絡が来て、それ以降、出社しなくなっていますので、形式的には「正当な理由のない無断欠勤」に該当し得る行為ということになります。この場合については**[図表２−８]**で説明したとおり、懲戒解雇事由としても記載されることが多く、「正当な理由なく無断欠勤が14日以上に及び、出勤の督促に応じなかったとき。」などが規定されているところです（なお、無断欠勤に対する懲戒解雇の可否については、**ケース45**参照）。普通解雇でも、**[図表２−１]**で普通解雇の事由例として挙げた「諭旨解雇又は懲戒解雇事由に該当する事実が認められたとき。」に該当させることは考えられるところではあります。もっとも、14日経過すれば、上記のとおり、退職の意思表示の効果が発生し労働契約は終了となりますし（労働契約終了後に解雇できないことは、**ケース33**で述べたとおりです）、それ以前に（14日に至らない段階で）普通解雇することは、「正当な理由のない無断欠勤」の期間としてはやや短きに失すること等を踏まえますと、普通解雇は避け、退職の形で対応したほうがよいと思われます。

□退職代行サービスを利用しても、社員本人の退職の意思表示が認められるのであれば、当該サービスの利用による退職も有効となる

□就業規則の規定如何にかかわらず、法的には、退職の意思表示をしてから14日が経過すると労働契約終了の効果が発生する

6 提訴への対応

ケース64 懲戒解雇をした従業員から「処分に納得がいかない」として、提訴されました。地位確認と賃金の支払いを求める内容の訴訟でしたが、併せて仮処分の申立てもされており、これらに応じなければならないのでしょうか。応じない場合、どうなるのでしょうか。

トラブルポイント ●●●●●●●●●●●●●●●●●●●●
提訴に対する対応方法

1．裁判上の手続き
[1]手続きの種類

　労働者が解雇を争うための裁判上の主要な手続きとしては、①訴訟、②労働審判があり、さらに①②における請求権を保全するために③仮の地位を定める仮処分が設けられています。

　各制度について簡潔に説明すると、①の訴訟は労働者の請求内容につ

いて判決を得るために行うもので、民事訴訟法に基づいて厳格な手続きの下、審理が進められるものです[**図表4-1**]。

　②の労働審判については裁判官1名と労働関係の専門的知識と経験を有する労働審判員2名により、原則3回以内の期日で、紛争の調停を目指し、3回以内で調停に至らない場合には審判を出すなどにより、紛争

図表4-1　訴訟の流れ

資料出所：法務省ホームページより一部加工。

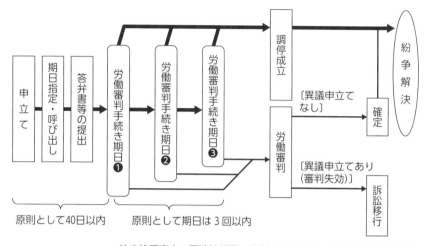

図表4－2　労働審判の流れ

申立て → 期日指定・呼び出し → 答弁書等の提出 → 労働審判手続き期日❶ → 労働審判手続き期日❷ → 労働審判手続き期日❸ → 調停成立 → 紛争解決

調停成立 → 〔異議申立てなし〕→ 確定 → 紛争解決

労働審判 → 〔異議申立てあり（審判失効）〕→ 訴訟移行

原則として40日以内

原則として期日は3回以内

＊他の終局事由→不適法却下、移送、取り下げ、労働審判委員会が労働審判手続きを行うことが不適当であると判断した場合の終了。

資料出所：裁判所ホームページより一部加工。

の解決を図る制度です[**図表4－2**]。

　そして、③は、①や②で判決または審判を得るために長期間となることから、①や②に先立って、裁判所に暫定的な措置（具体的には、賃金の仮払い）を命じるよう求める制度で、①や②よりも迅速に手続きが進められるものとなります。

[2]各手続きにおける欠席の場合の不利益

　これらの各手続きに応じずに会社が欠席した場合には、訴訟であれば民事訴訟法159条3項・1項により相手の主張を認める擬制自白（編注：民事訴訟で、当事者が口頭弁論や弁論準備手続きで相手方が主張した事実を争うことを明らかにしない場合、この事実を自白したものとみなすことをいう）が成立するため、相手の請求を認める判決が出されてしまいます。また、労働審判や仮処分においても、会社が欠席し、相手の主張に反論しない場合に

は、裁判所が相手の主張に基づいて請求を認めてしまう懸念があります。

　そして、いずれの手続きについても、懲戒解雇に対して労働者の求める主な請求の内容は、手続きにより若干の違いがあるものの、

❶使用者に対する労働契約上の地位があることを確認すること（つまり、懲戒解雇が無効であり、現在も労働契約が存在していると認められること）

❷判決時点までのバックペイ（解雇によって働くことのできなかった期間分の賃金の支払い）

の２点となります（なお、これらに加えて裁判手続き自体の費用を使用者に請求することが通常ですが、訴訟等の手続きの議論ですので、本書では詳細を割愛します）。

　そして、使用者がこれらの手続きを欠席して労働者の言い分によって認められる場合、上記❶❷のいずれも認められてしまいます。そうすると、使用者においてどのような反論があろうとも、懲戒解雇が無効として否定されて、労働者として在籍していることが認められる上に、判決までの間の賃金を支払わなければならなくなってしまい、使用者に多大な不利益が生じます。

　本ケースは、①③の組み合わせによる提訴ですが、欠席によって上記不利益が生じることを避けるためには応訴せざるを得ないものとなります。

２．提訴された場合に対応すること

　応訴して訴訟手続きに参加するためには、速やかに弁護士に依頼をする必要があります。裁判においては、「答弁書」という書面において、相手の主張に対する認否（事実関係や主張について、自己の認識を回答する内容）と相手の主張への反論を明記する必要があり、おおむね１カ月以内に提出することが求められます。特に、本ケースにおいて併せて申し立てられている仮処分事件においては迅速な審理を要求され、答弁書

の提出期限も短いものとなります。

　応訴のためには、以上のように弁護士による答弁書等の書面作成が必要となりますので、弁護士と協同して準備を行うこと（例えば、事案について十分な資料の提供や事実関係についての説明を行うこと等）が重要です。

　そして、訴訟においては答弁書の提出後、主張と反論が繰り返されるため、このような作業を繰り返し行うこととなります。

3. 懲戒解雇事案における応訴準備の具体例

　本ケースのような懲戒解雇の事案での答弁書における会社の主張の大枠としては、労契法15条を意識し、

(a)懲戒処分の就業規則上の根拠

(b)懲戒処分に該当する事実

(c)懲戒処分の相当性を基礎づける事情

を主に主張立証することになります。

　(a)については、懲戒処分を決定した就業規則上の根拠を示すため、懲戒処分として定めている懲戒の種別と該当する懲戒事由を示すことになります。なお、この点については、懲戒処分の通知書において指摘していることが通常ですので、それを再度示すことになります。

　(b)の懲戒処分に該当する事実については、５Ｗ１Ｈを意識して、具体的事実関係を示した上で、それが(a)で示した懲戒事由に該当することを主張立証しなければなりません。なお、懲戒事由の根拠として指摘できる事実は懲戒処分当時に認識し、処罰の対象としていた事実となり、後から懲戒処分に該当する事実を追加することは原則としてできないため、その点に留意する必要があります（富士見交通事件　東京高裁　平13.9.12判決　労判816号11ページ）。

　また、(c)の懲戒処分の相当性を基礎づける事情として、当該行為の悪質性、会社の被害の程度、本人の懲戒処分歴、過去の懲戒処分の水準と

の均衡等の諸事情を主張立証することになります。懲戒処分時点におい
て検討している事情と重なることとなりますが、これらの観点で事実関
係を整理して、主張立証をすることが重要です。

　以上のように、懲戒解雇に対する反論においても種々の事実関係を指
摘する必要があり、それぞれについて証拠となるような資料も準備しな
ければなりません。そのため、使用者としては弁護士が書面作成を十分
に検討できるようにするため、早々に資料の収集および事実確認を行っ
て、提供することが適切です。そして、使用者は弁護士が作成した書面
を弁護士と読み合わせて内容を確認する等、慎重に協議・検討を行うこ
とが重要です。

☞ここが重要！

□提訴への対応

- ✓提訴に応じないと相手の主張を認めることになってしまうため、応訴せざるを得ない
- ✓提訴された場合には、速やかに弁護士に相談し、協同して応訴のための準備をする必要がある
- ✓答弁書の作成・提出が必要となるため、十分な資料を弁護士に提供し、事実関係についても説明すべきである
- ✓弁護士が作成した書面については、慎重に協議・検討を行うなどして、協同して検討する

提訴された後、解雇理由を追加することはできるので
しょうか。

トラブルポイント
★ 普通解雇の場合の事後的な解雇理由の追加の可否
★ 懲戒解雇の場合の事後的な解雇理由の追加の可否

1．普通解雇の場合の解雇理由の追加の可否

　使用者が、労働者を普通解雇とする場合には、通常は解雇時点におい
て認識していた事情を基に解雇を決定しているものとなりますので、解
雇時点において認識していない事実を改めて解雇の理由とすることは多
くはありません。ただし、実務上、解雇後に明らかとなった事実関係（特
に、普通解雇の事情となり得る労働者の問題行動等）について、これを
解雇の客観的合理的理由および社会通念上の相当性の事情として、主張
立証すべきことも少なくありません。このように後から解雇理由を追加
することが可能なのかが争われ、問題となることがあります。

　この点について、マルヤタクシー事件（仙台地裁　昭60. 9.19判決
労判459号40ページ）は、「解雇の時に告知された解雇事由以外の事由で
あっても、解雇の当時に存在していたものである限り、当該解雇の効力
に影響を与える」と、また、上田株式会社事件（東京地裁　平 9. 9.11決
定　労判739号145ページ）は、「使用者が当時認識していなかったとして
も、使用者は、右事由を解雇理由として主張することができる」と判断
しています。このことから、裁判例としても、解雇当時に存在していた
事実については、解雇当時に使用者が認識していなかったとしてもこれ
を解雇の理由とすることができるものとされているため、提訴された後
に、解雇理由を追加して主張することも可能となります。

ただし、実務上、解雇理由証明書の交付を求められることもあります
が（労基法22条1項）、解雇理由証明書に記載のない事実については労働
者側から後付けだと主張されることなどがあり、裁判所からも追加され
た解雇理由については最初から解雇理由としていた場合よりも重みを低
く評価されるおそれも否定できないところです。

2．懲戒解雇の場合の解雇理由の追加の可否

懲戒解雇においても懲戒解雇後に懲戒事由を追加することがあり、普
通解雇と同様にこのようなことができるかが問題となります。

この点について、山口観光事件（最高裁一小　平 8. 9.26判決　労判
708号31ページ）は「使用者が労働者に対して行う懲戒は、労働者の企業
秩序違反行為を理由として、一種の秩序罰を課するものであるから、具
体的な懲戒の適否は、その理由とされた非違行為との関係において判断
されるべきものである。したがって、懲戒当時に使用者が認識していな
かった非違行為は、特段の事情のない限り、当該懲戒の理由とされたも
のでないことが明らかであるから、その存在をもって当該懲戒の有効性
を根拠付けることはできないものというべきである」と判示し、原則と
して懲戒事由の追加は認められないものとしました。

その後の裁判例として、富士見交通事件（東京高裁　平13. 9.12判決
労判816号11ページ）があり、「懲戒当時に使用者が認識していなかった
非違行為は、特段の事情のない限り、当該懲戒の理由とされたものでな
いことが明らかであるから、その存在をもって当該懲戒の有効性を根拠
付けることはできないが、懲戒当時に使用者が認識していた非違行為に
ついては、それが、たとえ懲戒解雇の際に告知されなかったとしても、
告知された非違行為と実質的に同一性を有し、あるいは同種若しくは同
じ類型に属すると認められるもの又は密接な関連性を有するものである
場合には、それをもって当該懲戒の有効性を根拠付けることができると
解するのが相当である」と判示しました。そして、当該事案において会

社が対象者の懲戒解雇の際に、非違行為のうち懲戒解雇前に行われたものすべてについて認識し、かつ、これを懲戒解雇事由とする意思であったものの、これが多岐にわたるため、懲戒解雇を最終的に決定する契機となった事由のみを懲戒処分の通知書に記載したにすぎず、懲戒解雇事由をこれに限定する趣旨ではなかったものとし、追加した事由については対象者の勤務態度の劣悪さを示すものであるとともに、対象者がこれを改めるよう忠告を受けていたものであって、一体として密接な関連性を有するものとみることができるとして懲戒事由の追加を認めました。

　このように、懲戒解雇を含む懲戒処分の事由の追加については、原則として否定されており、懲戒処分の対象とした非違行為と実質的に同一性を有し、あるいは同種もしくは同じ類型に属すると認められるものまたは密接な関連性を有するものである場合には、例外的に懲戒処分の事由として追加できるものといえます。本ケースが懲戒解雇の場合に懲戒事由を追加するということであれば、上記要件を踏まえて主張立証を行うことになります。

3．まとめ

　結論として、普通解雇の場合には、解雇理由の追加は解雇時点に存在するものであれば制限されませんが、懲戒解雇の場合には、原則として懲戒事由の追加は否定されるものとなり、例外的に認められるものとなります。普通解雇の場合には、労働者と労働契約を解消するに足りる事由（労契法16条に該当する事情）の有無の判断となりますが、懲戒解雇の場合には、企業秩序違反に対する制裁罰として刑罰に類似するため、懲戒事由の追加が制限されるものといえ、このような結論になるものといえます。

　また、普通解雇や懲戒解雇で理由の追加ができる場合があるとしても、そもそも解雇を争われた際に理由となる事実を追加して主張することは得策ではありません。このような理由の追加は、使用者が不十分な事実

認定をして普通解雇あるいは懲戒解雇をしたと思われる事情にもなりかねず、不利な心証を抱かせる原因にもなるでしょう。いずれにしても普通解雇、懲戒解雇の実施前には、証拠となる客観的資料の収集保全、各従業員からのヒアリング等で十分に事実関係の確認を行った上で、普通解雇、懲戒解雇の理由を構成して実施することが基本的な対応となりますので、この基本を徹底することが肝要といえます。

👉ここが重要！

□普通解雇における解雇理由の追加

✔普通解雇の場合には解雇時点において存在した解雇理由を追加することは可能。ただし、追加した理由については低く評価される可能性もある

□懲戒解雇における解雇理由の追加

✔懲戒解雇の場合には原則として懲戒事由の追加は認められないが、懲戒処分の対象とした非違行為と実質的に同一性を有し、あるいは同種もしくは同じ類型に属すると認められるものまたは密接な関連性を有するものである場合には、例外的に懲戒事由として追加することは認められる

■著者紹介

大村剛史（おおむら　つよし）
パートナー弁護士（三浦法律事務所）
2002 年東京大学卒業。2007 年第二東京弁護士会登録、牛島総合法律事務所入所。2011 年高井・岡芹法律事務所入所。2019 年 9 月三浦法律事務所入所。経営法曹会議会員。人事労務問題を中心に企業に関するさまざまな法律問題を手掛ける。主な著書に『これ 1 冊で安心！働き方改革法の実務がしっかりとわかる本』『弁護士が教える いちばんわかりやすい労働判例集』（共著、いずれも労務行政）、『労働裁判における解雇事件判例集 改訂第 2 版』（共著、労働新聞社）、『SNS をめぐるトラブルと労務管理 事前予防と事後対策・書式付き（第 2 版）』『Q & A 現代型問題社員対策の手引（第 5 版）—職場の悩ましい問題への対応指針を明示—』（共著、いずれも民事法研究会）がある。

菅原裕人（すがはら　ひろと）
弁護士（三浦法律事務所）
2015 年東京大学卒業。2016 年第一東京弁護士会登録、髙井・岡芹法律事務所入所。2020 年 9 月三浦法律事務所入所。経営法曹会議会員。人事労務問題を中心に企業に関するさまざまな法律問題を手掛ける。主な著書に『Q & A 現代型問題社員対策の手引（第 5 版）—職場の悩ましい問題への対応指針を明示—』（共著、民事法研究会）、『判例解説 解雇・懲戒の勝敗分析』（共著、日本加除出版）、『2020 年版 年間労働判例命令要旨集』（共著、労務行政）、『使用者のための解雇・雇止め・懲戒相談事例集』（共著、青林書院）がある。

カバーデザイン／ISSHIKI
本文デザイン・印刷・製本／日本フィニッシュ株式会社

ケースでわかる！
解雇・雇止め トラブル解決の実務

2021年 9 月16日 初版発行

著　者　大村剛史　菅原裕人
発行所　株式会社 **労務行政**
　　　　〒141-0031 東京都品川区西五反田 3 - 6 - 21
　　　　　　　　　住友不動産西五反田ビル 3 階
　　　　TEL：03-3491-1231　FAX：03-3491-1299
　　　　https://www.rosei.jp/

ISBN978-4-8452-1451-8
定価はカバーに表示してあります。
本書内容の無断複写・転載を禁じます。
訂正が出ました場合、下記URLでお知らせします。
https://www.rosei.jp/static.php?p=teisei